PREPARAÇÃO
PARA A MORTE

SANTO AFONSO MARIA DE LIGóRIO

PREPARAÇÃO PARA A MORTE

*Orações e pensamentos
para a jornada final*

Tradução de Celso de Alencar
condensada seguindo a adaptação de
Pe. Norman J. Muckerman, C.Ss.R.

EDITORA
SANTUÁRIO

Direção Editorial:	Pe. Flávio Cavalca de Castro, C.Ss.R.
	Pe. Carlos Eduardo Catalfo, C.Ss.R.
Coordenação Editorial:	Elizabeth dos Santos Reis
Copidesque:	Elizabeth dos Santos Reis
Revisão:	Marilena Floriano
	Vanini N. Oliveira Reis
Diagramação:	Marcelo Antonio Sanna
Capa:	Felipe Marcondes

Edição revista por Fl. Castro e confrontada com o texto crítico publicado por ORESTE GREGÓRIO, C.SS.R. (Edizioni di Storia e Litteratura, Roma 1965)

**Dados Internacionais de Catalogação na Publicação (CIP)
(Câmara Brasileira do Livro, SP, Brasil)**

Afonso Maria de Ligório, Santo, 1696-1787.
    Preparação para a morte / Santo Afonso Maria de Ligório. [ed. rev. / por Flávio Castro e confrontada com o texto crítico publicado por Oreste Gregório]. — Aparecida, SP: Editora Santuário, 2002.

    Título original: Preparation for death: prayers and consolations for the final journey.
    Tradução de Celso de Alencar condensada seguindo a adaptação de Norman J. Muckerman.

    ISBN 85-7200-784-9

    1. Escatologia — Livros de oração 2. Igreja Católica — Livros de oração 3. Morte — Aspectos religiosos — Igreja Católica — livros de oração I. Muckerman, Norman J. II. Castro, Flávio III. Gregório, Oreste IV. Título V. Série

02-0781   CDD-236.1

Índices para catálogo sistemático:

1. Morte: Preparação: Orações: Escatologia: Cristianismo 236.1
2. Orações: Preparação para a morte: Escatologia: Cristianismo 236.1

10ª impressão

Todos os direitos em língua portuguesa reservados à **EDITORA SANTUÁRIO** — 2024

Rua Padre Claro Monteiro, 342 — 12570-045 — Aparecida-SP
Tel.: 12 3104-2000 — Televendas: 0800 016 00 04
www.editorasantuario.com.br
vendas@editorasantuario.com.br

APRESENTAÇÃO

A "Preparação para a morte" foi escrita por Santo Afonso como para os desejosos de avançar na vida espiritual, mas também como subsídio para pregadores de retiro e de missões. Sua primeira impressão começou em julho de 1758, quando o autor já andava pelos 62 anos; em outubro a impressão ainda não estava pronta, mas já um editor de Veneza, Antonio Zatta, solicitava permissão para uma outra edição. A primeira edição foi de poucos exemplares, porque, como o santo confessa, o dinheiro de que dispunha era curto. Por isso insiste com outro editor veneziano, Remondini, que fizesse logo nova edição, uma vez que o livro tinha despertado grande interesse e estava a ponto de sair uma edição pirata em Nápoles. Chega a dizer que lhe "arrancavam o livro das mãos"! E era verdade; até 1777 fizeram-se ali quatro edições. Interessa notar que o próprio Santo Afonso cuidou que se publicasse uma versão abreviada, apenas com as dez primeiras meditações (P. MAURICE DE MEULEMEESTER, *Bibliographie générale des écrivains rédemptoristes*, Louvain, 1933, p. 96).

Durante a vida de Afonso o livro foi reimpresso pelo menos 15 vezes. Até 1965 houve na Itália 135 edições; com as edições em outras línguas, houve mais de 350 reimpressões até 1939. Hoje há traduções em mais de 22 línguas.

Conforme B. Häring (BERNHARD HÄRING, in S. ALFONSO M. DE LIGUORI, *Apparecchio alla morte*, Edizioni Paoline 1983, p. 5-26 [18-26]), esta obra "não apresenta por si só um quadro completo da espiritualidade de Santo Afonso, mas está entre suas obras mais significativas e mais bem-sucedidas". Também aqui encontramos um fio condutor "ame a Deus e faze o que quiseres". "Toda a obra é uma exortação insistente para a conversão, exatamente como toda a pregação missionária do santo."

Lembra o mesmo autor que, se Afonso vivesse em nossos dias, não deixaria de dar destaque à ressurreição de Cristo e do nosso corpo, da mesma forma que insistia na ideia da imortalidade da alma, do julgamento final e da presença de Jesus no sacrário. Era, porém, filho de seu tempo. E podemos dizer que o leitor de hoje saberá encontrar em autores atuais o que falta no santo doutor.

A presente é uma edição reduzida e condensada. Para a seleção dos textos seguimos a opção do Pe. NORMAN J. MUCKERMAN, C.Ss.R., confrontada com o texto publicado por Oreste Gregório; a tradução é de Celso de Alencar.

Fl. Castro, C.Ss.R.

Capítulo I

Certeza da morte

És pó e em pó te hás de tornar (Gn 3,19).

Considera que és pó e que em pó te hás de converter. Virá o dia em que será preciso morrer e apodrecer num fosso, onde ficarás coberto de vermes. A todos, nobres e plebeus, príncipes ou vassalos, estará reservada a mesma sorte. Logo que a alma, com o último suspiro, sair do corpo, passará à eternidade, e o corpo se reduzirá a pó.

Vês o estado a que chegou aquele soberbo, aquele dissoluto! Ainda há pouco via-se acolhido e cortejado pela sociedade; agora tornou-se o horror e o espanto de quem o contempla. Os parentes apressam-se a afastá-lo de casa e pagam aos coveiros para que o encerrem em um esquife e lhe deem sepultura. Há bem poucos instantes ainda se apregoava a fama, o talento, a finura, a polidez e a graça desse homem; mas apenas está morto, nem sua lembrança se conserva. Ao ouvir a notícia de sua morte, limitam-se uns a dizer que era homem honrado; outros, que deixou à família grande riqueza. Contristam-se alguns, porque a vida do falecido lhes era proveitosa; alegram-se outros, porque vão ficar de posse de tudo quanto ele tinha. Por fim, dentro em breve já ninguém falará nele, e até seus parentes mais próximos não querem ouvir falar dele para não se lhes agravar a dor que sentem. Nas visitas de condolências, trata-se de outro assunto; e, quando alguém se atreve a mencionar o falecido, não falta um parente que advirta: Por caridade, não pronuncies mais o seu nome!

Considera que assim como procedes por ocasião da morte de teus parentes e amigos, assim os outros agirão na tua. Os vivos entram no cenário do mundo para desempenhar seu papel e ocupar o lugar dos mortos; mas do apreço e da memória destes pouco ou nada cuidam. A princípio, os parentes se afligem por alguns dias, mas se consolam depressa com a parte da herança que lhes couber e, talvez, parece que até a tua morte os regozija. Naquela mesma casa onde exalaste o último suspiro e onde Jesus Cristo te julgou, passarão a celebrar-se, como dantes, banquetes e bailes, festas e jogos. E tua alma, onde estará então?

Neste quadro da morte, caro irmão, reconhece-te a ti mesmo e considera o que virás a ser um dia: *"Recorda-te que és pó, e em pó te converterás"*. Pensa que dentro de poucos anos, quiçá dentro de alguns meses ou dias, não serás mais que vermes e podridão.

Tudo se há de acabar, e se perderes tua alma na morte, tudo estará perdido para ti. "Considera-te desde já como morto — disse São Lourenço Justiniano —, pois sabes que necessariamente hás de morrer". Se já estivesses morto, que não desejarias ter feito por Deus? Portanto, agora que vives, pensa que algum dia cairás morto.

Disse São Boaventura que o comandante, para governar o navio, coloca-se na sua extremidade traseira; assim o homem, para levar a vida boa e santa, deve imaginar sempre o que será dele na hora da morte.

São Camilo de Lélis, ao aproximar-se de alguma sepultura, fazia estas reflexões: Se esses mortos voltassem ao mundo, que não fariam pela vida eterna? E eu, que disponho de tempo, que faço por minha alma?

Esse Santo pensava assim por humildade; mas tu, querido irmão, talvez com razão receies ser considerado aquela figueira sem fruto, da qual disse o Senhor: *"Três anos já que venho a buscar frutos a esta figueira, e não os achei"* (Lc 13,7).

Tu, que há mais de três anos estás neste mundo, quais os frutos que tens produzido? Considera — disse São Bernardo — que o Senhor não procura somente flores, mas quer frutos; isto é, não se contenta com bons propósitos e desejos, mas exige a prática de obras santas.

É preciso, pois, que saibas aproveitar o tempo que Deus, em sua misericórdia, te concede e não esperes para a prática do bem até que seja tarde, no instante solene quando ele te diz: Vamos, chegou o momento de deixar este mundo. Depressa! O que está feito, está feito.

ORAÇÃO

Aqui me tendes, Senhor; sou aquela árvore que há muitos anos merecia ouvir de vós estas palavras: "Cortai-a, pois, para que debalde há de ocupar terreno?" (Lc 13,7). Nada mais certo, porque, em tantos anos que estou no mundo, ainda não dei frutos senão cardos e espinhos do pecado.

Mas vós, Senhor, não quereis que me desespere. Dissestes a todos: "Aquele que me procurar, achar-me-á" (Mt 7,7). Também dissestes: "Se pedirdes alguma coisa em meu nome, eu a darei" (Jo 14,14). Meu Jesus, confiado nessa grande promessa, pelo vosso santo nome e pelos vossos méritos, peço a vossa graça e o vosso amor. Fazei que deles se replete minha alma, onde antes morava o pecado.

Ó Maria, minha excelsa intercessora, escutai-me vós também e rogai a Jesus por mim!

Capítulo II

A brevidade da vida

O que é a vossa vida? É vapor que aparece por um instante (Tg 4,14).

Todos sabemos que temos de morrer. Muitos, porém, iludem-se, imaginando a morte tão afastada que jamais houvesse de chegar.

Jó, entretanto, adverte-nos que a vida humana é brevíssima: *"O homem, vivendo breve tempo, brota como flor e murcha"* (Jó 14,1-2). A morte corre ao nosso encontro mais rápido que um corredor. E nós, a cada instante, corremos para ela (Jo 9,25).

A cada passo, a cada respiração, chegamos mais perto da morte. "Este momento em que escrevo — disse São Jerônimo — faz-me caminhar para a morte". "Todos temos de morrer, e nós deslizamos como a água sobre a terra, a qual não volta para trás" (2Sm 14,14).

Ah! Com que dor profunda há de olhar para os bens terrestres aquele que os amou apaixonadamente! Mas essa mágoa já não valerá senão para aumentar o perigo em que se acha a salvação. A experiência nos tem provado que tais pessoas, apegadas ao mundo, mesmo no leito de morte, só querem que se lhes fale de sua enfermidade, dos médicos que se possam consultar, dos remédios que os aliviem. Mas, logo que se trata da alma, enfadam-se e pedem para descansar, porque lhes dói a cabeça e não podem ouvir conversação. Se, por acaso, respondem, é confusamente e sem saber o que dizem.

Exclamava o rei Ezequias: *"Minha vida foi cortada como por tecelão. Quando ainda estava urdindo, ele me cortou"* (Is 38,12). Quantas pessoas andam preocupadas a tecer a teia de sua vida, ordenando e combinando com arte seus mundanos desígnios, quando os surpreende a morte e rompe tudo! Ao pálido resplendor da última luz, todas as coisas deste mundo se obscurecem: aplausos, prazeres, pompas e grandezas. Grande segredo o da morte! Sabe mostrar-nos o que não veem os amantes do mundo. As mais cobiçadas fortunas, os postos mais elevados, os triunfos mais estupendos, perdem todo o seu esplendor considerados à vista do leito mor-tuário. Convertem-se então em indignação contra nossa própria loucura as ideias que tínhamos formado de certa felicidade ilusória. A sombra negra da morte cobre e obscurece até as dignidades régias.

Persuadamo-nos, portanto, que, para remediar as desordens da consciência, não é apropriado o tempo da morte, mas sim o da vida. Apressemo-nos a pôr mãos à obra naquilo que então não poderemos fazer. Tudo passa e fenece depressa (1Cor 7,29). Procuremos agir de modo que tudo nos sirva para conquistar a vida eterna.

Consideremos que Jesus Cristo quis morrer vítima de tanta amargura e ignomínia para obter-nos morte venturosa. Com esse fito nos dirige tantas vezes seu convite, dá-nos suas luzes, admoesta-nos e ameaça, tudo para que procuremos concluir a hora derradeira na graça e na amizade de Deus.

Até um pagão, Antístenes, a quem perguntaram qual era a maior dita deste mundo, respondeu que era uma boa morte. Que dirá, pois, um cristão, a quem a luz da fé ensina que nesse momento começa a eternidade e se toma um dos dois caminhos, o do eterno sofrimento ou o da eterna alegria?

Se crês, meu irmão, que hás de morrer, que existe eternidade, que se morre só uma vez e que, dado este passo em falso, o erro é irreparável para sempre e sem esperança de remédio: por que não te decides, desde o momento em que isto lês, a praticar quanto puderes para te assegurar uma boa morte? Apressa-te em tomar o remédio oportuno; decide entregar-te inteiramente a Deus e começa, desde já, uma vida que não te aflija, mas que te proporcione consolo na hora da morte.

ORAÇÃO

Quanta gratidão vos devo, meu amado Salvador! Como pudestes prodigalizar tantos benefícios a um traidor e ingrato para convosco? Apenas entrando no mundo, afastei-me de vós; entreguei-me à morte, à corrupção, mas vós, por vossa graça, me restituístes à vida. Estava cego e me abristes os olhos. Tinha-vos perdido, e fizestes que vos tornasse a encontrar. Ó Deus de misericórdia, fazei-me conhecer o muito que vos devo e que chore as ofensas que vos fiz.

Ó Maria, minha Rainha e minha Mãe, ajudai-me pela vossa intercessão! Mãe de Deus, rogai por mim.

Capítulo III

Certeza da morte

Foi estabelecido aos homens morrer uma só vez (Hb 9,27).

Dizia Santo Agostinho: *"Só a morte é certa; os demais bens e males nossos são incertos"*.

É claro, o santo apenas mostra a simples verdade de que o ser humano tem conhecimento desde o início do tempo. Com o salmista diz: *"Quem é o homem que viverá e não verá a morte?"* (Sl 89,49).

É incerto se o recém-nascido será rico ou pobre, se terá boa ou má saúde, se morrerá moço ou velho. Tudo isto é incerto, mas é indubitavelmente certo que ele deve morrer. Magnatas e reis também serão ceifados pela morte, a cujo poder não há força que resista.

Conta Vicente de Beauvais que um rei da França, achando-se no termo da vida, exclamava: *"Com todo o meu poder, não posso conseguir que a morte espere mais uma hora!"* Assim lemos nas Escrituras: *"Se os teus dias já estão determinados e sabes o número de teus meses, se lhe fizeste um limite intransponível, desvia dele os olhos e deixa-o em paz"* (Jó 14,5-6).

É certo, pois que todos fomos condenados à morte. Todos nascemos — disse São Cipriano — com a corda ao pescoço, e a cada passo que damos mais nos aproximamos da morte.

Meu irmão, assim como foste inscrito no livro do batismo, assim, um dia, o serás no registro dos mortos. Assim como, às vezes, mencionas teus antepassados, dizendo: *meu pai, meu tio, meu irmão, de saudosa memória,* o mesmo dirão de ti teus descendentes. Como muitas vezes tens ouvido planger os sinos pela morte dos outros, assim outros ouvirão que os tocam por ti.

Que dirias de um condenado à morte que se encaminhasse ao patíbulo galhofando e rindo-se, olhando para todos os lados e pensando em teatros, festins e divertimentos? E tu, neste momento, não caminhas também para a morte? E em que pensas? Contempla nessas sepulturas teus parentes e amigos, cuja sentença já foi executada. Que terror se apodera de um condenado, quando vê seus companheiros pendentes da forca e já mortos! Observa esses cadáveres; cada um deles diz: *"Ontem, a mim; hoje, a ti"* (Eclo 38,23).

O mesmo te repetem, todos os dias, os retratos de teus parentes já falecidos, os livros, as casas, os leitos, as roupas que deixaram.

Que loucura extrema, não pensar em ajustar as contas da alma e não aplicar os meios necessários para alcançar uma boa morte, sabendo que temos de morrer, que depois da morte nos está reservada uma eternidade de gozo ou de tormento e que desse ponto depende o sermos para sempre felizes ou desgraçados!

Em cada século, as casas, as praças, as cidades enchem-se de novos habitantes. Os antigos estão no túmulo. Assim como para estes passaram os dias da vida, assim virá o tempo em que nem tu nem eu, nem pessoa alguma das que vivem atualmente existirá na terra. Todos estaremos na eternidade, que será, para nós, ou intérmino dia de gozo, ou noite eterna de tormentos. Não há aqui meio termo. É certo, e é de fé, que um ou outro destino nos espera.

ORAÇÃO

Ó meu Deus, muito grandes foram os meus pecados, maiores são vossos méritos. Em vossas chagas, em vossa morte ponho minha esperança. Mereci o inferno desde o primeiro momento do meu pecado e, apesar disso, voltei a ofender-vos mil e mil vezes. E vós, não só me haveis conservado a vida, mas com extrema bondade e amor me oferecestes o perdão e a paz. Como posso recear que me afasteis agora que vos amo e que não desejo senão vossa graça?

Fazei com que eu não torne a ser ingrato para convosco e mudai completamente o meu coração, a fim de que seja todo vosso e inflamado sempre pelas chamas do vosso amor, já que outrora vos menosprezou, preferindo os vis prazeres deste mundo. Tomo hoje a resolução de entregar-me todo a vós e de só pensar em vos amar. Ajudai-me com vossa luz e graça, a fim de que cumpra este desejo, inspirado também por vossa bondade.

Ó Maria, Mãe da perseverança, alcançai-me a graça de ser fiel à minha promessa!

CAPÍTULO IV

A morte oferece paz e descanso

É preciosa na presença de Deus a morte de seus santos (Sl 116,15).

Considerada a morte à luz deste mundo, espanta-nos e inspira-nos temor; mas, segundo a luz da fé, ela é desejável e consoladora. Parece terrível aos pecadores, mas aos olhos dos justos ela se apresenta amável e preciosa.

"Preciosa — disse São Bernardo —, porque é o termo dos trabalhos, a coroa da vitória, a porta da vida".

Eis o que é a nossa vida, curta e cheia de misérias, enfermidades, inquietações e sofrimentos. O que é continuar a viver — exclama Santo Agostinho — senão continuar a sofrer?

Ainda que a morte nos tenha sido imposta por castigo do pecado, são tantas as misérias desta vida que, como disse Santo Ambrósio, mais parece alívio o morrer do que castigo.

Deus chama bem-aventurados aos que morrem na sua graça, porque acabam os trabalhos e começam a descansar. "Bem-aventurados os mortos que morrem no Senhor. Desde hoje — disse o Espírito Santo — que descansem de seus trabalhos" (Ap 14,13).

Os tormentos que afligem os pecadores na hora da morte não afligem os santos. "As almas dos justos estão nas mãos de Deus, e não os atingirá o tormento da morte" (Sb 3,1). Não temem os santos aquela ordem de sair desta vida, que tanto amedronta aos mundanos, nem se afligem por terem de deixar os bens da terra, porque nunca apegaram a eles o seu coração.

Não se afligem os santos por terem de deixar honras mundanas, pois sempre as desprezaram e as tiveram na conta do que são efetivamente: fumo e vaidade, e somente estimaram a honra de amar a Deus e de ser por ele amados. Não se afligem por terem de deixar seus parentes, porque somente os amaram em Deus e, ao morrer, os deixam recomendados àquele Pai celestial que os ama mais do que eles; e esperando salvar-se, creem que melhor lhes poderão ajudar lá no céu do que ficando na terra.

Assim, com afeto e paz, oferece-lhe os últimos restos da sua vida e consola-se, unindo o sacrifício de sua morte ao sacrifício que Jesus Cristo ofereceu por nós na cruz a seu eterno Pai. Desta maneira morre satisfeito, dizendo: "Em seu seio dormirei e descansarei em paz" (Sl 4,8). Em suma: todos aqueles que disseram sempre durante a vida *Meu Deus e meu tudo,* repetem-no ainda com maior consolo e ternura no momento da morte.

O maior consolo de uma alma amante de seu Deus, quando sente a proximidade da morte, será pensar que em breve estará livre de tanto perigo de ofender a Deus, como há no mundo, de tanta tribulação espiritual e de tantas tentações do demônio. A vida presente é uma guerra contínua contra o inferno, na qual sempre corremos o risco de perder Deus e a nossa alma.

Por esse mesmo motivo se regozijava Santa Teresa cada vez que ouvia soar a hora do relógio; alegrava-se por ter passado mais uma hora de combate. Por isso, São Paulo, desejando morrer, dizia que Jesus Cristo era a sua única vida e que estimava a morte como o maior tesouro que pudesse ganhar, já que por meio dela alcançaria a vida que jamais tem fim (Fl 1,21). Feliz aquele que nesta vida está unido a Deus.

Mas, como o navegante não pode dizer-se seguro enquanto não chega ao porto e ao abrigo da tormenta, assim uma alma só pode ser verdadeiramente feliz quando sai da vida na graça de Deus. Se o navegante se alegra quando, após tantos perigos, está a chegar ao porto desejado, quanto mais se não deve alegrar aquele que está próximo a assegurar sua eterna salvação!

A morte não é somente o fim dos nossos trabalhos, senão também a porta da vida, como disse São Bernardo. Necessariamente, deve passar por essa porta quem quiser entrar e ver a Deus (Sl 117,20).

São Carlos Borromeu, tendo visto em um dos seus aposentos um quadro que representava um esqueleto com a foice na mão, mandou chamar o pintor e ordenou-lhe que substituísse aquela foice por uma chave de ouro, querendo assim inflamar-se mais do desejo de morrer, porque a morte nos abre o céu e nos proporciona a visão de Deus.

E o santo velho Simeão, quando tinha nos braços o Menino Jesus, não lhe soube pedir outra graça, senão a da morte, a fim de ver-se livre do cárcere desta vida: "Agora, Senhor, despede o teu servo em paz..." (Lc 2,29). Por essa mesma graça suspirava o Apóstolo, quando dizia: "Tenho desejo de me ver livre desta carne, e estar com Cristo" (Fl 1,23).

Daí vem o chamar-se *nascimento* à morte dos santos, porque nesse instante eles nascem para a bem-aventurança eterna, que não terá fim. Tal é a graça que vos alcança Jesus Cristo. Cristo, morrendo por nós, fez com que a morte se transformasse em vida.

ORAÇÃO

Ó Deus de minha alma! Ofendi-vos em minha vida passada, afastando-me de vós; mas vosso Divino Filho vos honrou na cruz com o sacrifício de sua vida. Em consideração a essa honra que vos tributou vosso Filho amantíssimo, perdoai-me as injúrias que vos fiz. Arrependo-me, Senhor, de vos ter ofendido e prometo amar somente a vós doravante. Se, pelo passado, vos ofendi, espero honrar-vos eternamente, louvando vossa misericórdia...

Só vos peço amor, ó Deus de minha alma! Amor e sempre amor espero pedir-vos, até que, morrendo em vosso amor, alcance o reino do verdadeiro amor, onde, sem o pedir, de amor me abrase, não cessando de vos amar nem um momento por toda a eternidade e com todas as minhas forças.

Maria, minha Mãe, que tanto amais a Deus e tanto desejais que seja amado, fazei que muito o ame nesta vida, a fim de que possa amá-lo para sempre na eternidade!

Capítulo V

Os justos nada têm a temer

*As almas dos justos estão na mão de Deus
e não os tocará o tormento da morte...
eles estão em paz* (Sb 3,1-3).

Os bons nada têm a temer na hora da morte. Se Deus tem em suas mãos as almas dos justos, quem é que poderá arrebatar-lhas? Certo é que o inferno não deixa de tentar e perseguir os próprios santos na hora da morte, mas Deus, diz Santo Ambrósio, não cessa de assisti-los, aumentando seu socorro à medida que cresce o perigo de seus servos fiéis. Como o salmista, diz: "Seja o Senhor fortaleza para o oprimido, fortaleza nos tempos de angústia" (Sl 9,10).

O servo de Eliseu ficou consternado quando viu a cidade cercada de inimigos. Mas o Santo animou-o, dizendo: "Não temas, porque há mais gente conosco que da parte deles" (2Rs 6,15-16), e em seguida mostrou-lhe um exército de anjos enviados por Deus para sua defesa.

O demônio não deixará de tentar o moribundo, mas acudirá também o Anjo da Guarda para confortá-lo; virão os santos protetores; virá São Miguel, destinado por Deus para a defesa dos servos fiéis, no combate derradeiro; virá a Virgem Santíssima e, acolhendo sob o seu manto quem foi seu devoto, derrotará os inimigos; virá Jesus Cristo mesmo a livrar das tentações essa ovelha inocente ou penitente, cuja salvação lhe custou a vida.

Dar-lhe-á a esperança e a força necessárias para vencer nessa batalha, e a alma, cheia de valor, exclamará: "O Senhor é minha luz e minha salvação: a quem temerei? O Senhor é a fortaleza de minha vida: perante quem tremerei?" (Sl 26,1).

Orígenes diz que Deus é mais solícito para salvar-nos do que o demônio para perder-nos; porque Deus nos tem mais amor que aborrecimento nos tem o demônio.

Deus é fiel, disse o Apóstolo, e não permite que sejamos tentados além das nossas forças (1Cor 10,13). Dir-me-eis que muitos santos morreram com receio da sua salvação. Respondo que são pouquíssimos os exemplos de pessoas que, depois de uma vida boa, tenham morrido com esse temor. Vicente de Beauvais diz que o Senhor permite, às vezes, que isso ocorra a alguns justos, a fim de, na hora da morte, purificá-los de certas faltas leves. Por outra parte, lemos que quase todos os servos de Deus morreram com o sorriso nos lábios. Todos tememos na morte o juízo de Deus; mas, assim como os pecadores passam desse temor ao horrendo desespero, os justos passam do temor à esperança.

São Bernardo, estando enfermo, sentia-se receoso e estava tentado de desconfiança, mas, lembrando-se dos merecimentos de Jesus Cristo, dissipou-se-lhe todo o temor, e dizia: "Vossas chagas são meu merecimento".

Santo Hilarião temia também, mas exclamou logo alegremente: "Que temes tu, minha alma? Cerca de setenta anos serviste a Cristo; e agora temes a morte?"

Padre José de Scamaca, da Companhia de Jesus, respondeu aos que lhe perguntaram se morria com esperança: "Então! Servi acaso a Maomé para duvidar da bondade de meu Deus, até ao ponto de temer que não queira salvar-me?"

Se na hora da morte vier a atormentar-nos o pensamento de termos alguma vez ofendido a Deus, recordemos que o Senhor prometeu esquecer os pecados dos penitentes (Ez 18,31-32).

Dirá alguém talvez: "Como poderemos estar seguros de que Deus nos perdoou?..." Essa mesma pergunta se fez São Basílio, e respondeu, dizendo: "Não só odiei a iniquidade, mas a abominei".

Aquele que detesta o pecado pode estar certo de que Deus lhe perdoou. O coração do homem não vive sem amor: ou ama a Deus ou ama as criaturas. Mas quem é que ama a Deus? Aquele que observa os seus mandamentos (Jo 14,21). Portanto, aquele que morre observando os preceitos de Deus, morre amando a Deus; e o que ama a Deus, nada tem a temer (1Jo 4,18).

A Morte Na Fé É A Vitória

"As almas dos justos estão nas mãos de Deus e não os tocará o tormento da morte. Pareceu, aos olhos dos insensatos, que morriam, mas elas estão na paz" (Sb 3,2-3). Parece aos olhos dos insensatos que os servos de Deus morrem na aflição e contra sua vontade, do mesmo modo como os mundanos. Mas não é assim, porque Deus bem sabe consolar os seus filhos no derradeiro transe, e comunicar-lhes, mesmo entre as dores da morte, maravilhosa doçura, como antecipado sabor da glória que brevemente lhes há de outorgar.

Assim como os que morrem em pecado começam já a sentir no leito mortuário algo das penas do inferno, pelo remorso, pelo terror e pelo desespero, os justos, ao contrário, com seus atos frequentíssimos de amor a Deus, seus desejos e esperanças de gozar a presença do Senhor, já antes de morrer começam a desfrutar daquela santa paz que depois gozarão plenamente no céu.

Padre Soares morreu em tão doce paz, que disse ao expirar: "Nunca pude imaginar que a morte me trouxesse tal suavidade!" O Cardeal Barônio foi admoestado por seu médico que não pensasse tanto na morte; ao que ele respondeu: "Por que não? Acaso hei de temê-la? Não a receio; ao contrário, amo-a". Segundo refere Santero, o Cardeal Ruffens, preparando-se para morrer pela fé, mandou que lhe trouxessem o seu melhor traje, dizendo que ia às bodas. Quando avistou o patíbulo, atirou para longe o báculo em que se apoiava e exclamou: "Eia, meus pés, caminhai depressa, que o paraíso está perto". Antes de morrer, entoou o *Te Deum* para render graças a Deus de o fazer mártir da fé e, cheio de alegria, ofereceu a cabeça ao verdugo.

São Francisco de Assis cantava na hora da morte e convidou a que o acompanhassem os demais religiosos presentes. "Meu Pai — disse-lhe o irmão Elias —, ao morrer, antes devemos chorar que cantar". "Pois eu — replicou o Santo —, não posso fazer outra coisa senão cantar, porque vejo que dentro em breve irei gozar a Deus".

Uma religiosa de Santa Teresa, ao morrer na flor da idade, disse às irmãs que choravam ao seu redor: "Ó meu Deus! Por que é que chorais vós? Vou encontrar-me com meu Jesus Cristo... Alegrai-vos comigo, se me amais". Semelhante desejo de ver a Deus nutria Santo Inácio, o mártir, quando disse que se as feras não viessem devorá-lo, ele mesmo as provocaria para que o fizessem.

Para Os Justos, A Morte É A Entrada Para A Vida

Por que há de temer a morte quem espera depois dela ser coroado no céu? — disse São Cipriano. Como pode temê-la quem sabe que, morrendo na graça, alcançará seu corpo a imortalidade? (1Cor 15,33).

Para aquele que ama a Deus e deseja vê-lo — diz-nos Santo Agostinho —, pena é a vida e alegria é a morte. Com quanta alegria espera a morte aquele que se acha na graça de Deus, a fim de poder ver a Jesus e ouvi-lo dizer: "Muito bem, servo bom e fiel, porque foste fiel no pouco, te porei sobre muito" (Mt 25,21).

Que consolação não darão então as penitências, as orações, o desprendimento dos bens terrenos e tudo o que se fez por Deus! Aquele que amou a Deus gozará então o fruto de suas boas obras (Is 3,10).

Especial consolação darão nesse momento as homenagens prestadas à Mãe de Deus, os rosários e as visitas, os jejuns praticados aos sábados em honra da Virgem, o haver pertencido às Congregações marianas... *Virgo fidelis* chamamos a Maria e, na verdade, fidelíssima se mostra para consolar seus devotos em sua última hora! Um moribundo, que em vida fora servo devotíssimo da Virgem, contou ao Padre Binetti: "Nunca pude imaginar, meu Pai, quanto consolo traz na hora da morte o pensamento de ter sido devoto de Maria Santíssima... Ó Padre, se soubesse o contentamento que sinto por ter servido a esta minha Mãe!... Sou incapaz para lho explicar!..."

Que gozo sentirá quem amou e ama a Jesus Cristo, e muitas vezes o recebeu na Sagrada Comunhão, ao ver chegar o seu Senhor, no Santo Viático, para acompanhá-lo no seu trânsito para a outra vida. Feliz quem pôde dizer-lhe com São Filipe: "Eis aqui o meu amor; meu amor aqui está; dai-me o meu amor!"

E se alguém disser: Quem sabe a morte que me está reservada?... Quem sabe se por fim terei morte infeliz?... — perguntar-lhe-ei por minha vez: Qual é a causa da morte?... Unicamente o pecado. Logo, é a este que devemos temer, e não a morte. Quereis perder o receio da morte?... Vivei bem. Aquele que teme o Senhor será feliz no fim (Ecl 1,11.13).

O Padre La Colombière tinha por moralmente impossível que pudesse ter morte má quem foi fiel a Deus durante a vida. Santo Agostinho dizia: "Não pode morrer mal quem tenha vivido bem".

Aquele que oferece sua vida a Deus pratica o ato mais perfeito de temor que pode oferecer-lhe, porque, abraçando de boa vontade a morte que Deus lhe enviar, do modo e no tempo que quiser, torna-se semelhante aos Santos Mártires.

Amemo-lo, pois, o mais que pudermos nesta vida, que só para este fim deve servir-nos, isto é, para crescer no amor divino. O grau de amor que tivermos na hora da morte será igual ao desejo que nutrimos em nos unir a Deus na bem-aventurança eterna.

ORAÇÃO

Uni-me a vós, meu Jesus, de tal modo que não me seja possível apartar-me de vós. Fazei-me todo vosso antes de morrer, a fim de que vos seja agradável a primeira vez que vos vir. Já que me procurastes quando fugia de vós, não me repilais agora que vos procuro. Perdoai-me todos os desgostos que vos causei, pois doravante só quero amar-vos e servir-vos. Dai-me a santa perseverança e a graça de vo-la pedir sempre...

Maria, minha Mãe, amparai-me e alcançai-me a graça de pedir sempre a vosso divino Filho a santa perseverança.

Capítulo VI

Meios de se preparar para a morte

Lembra-te de teus novíssimos, e não pecarás jamais (Eclo 7,36).

Não Esperar Até O Último Minuto

Todos cremos que temos de morrer, que só uma vez havemos de morrer e que não há coisa mais importante que esta, porque do instante da morte depende a eterna bem-aventurança ou a eterna desgraça. Todos sabemos também que da boa ou má vida depende o ter boa ou má sorte.

Como se explica, pois, que a maior parte dos cristãos vive como se nunca devesse morrer ou como se importasse pouco morrer bem ou mal? Vive-se mal porque não se pensa na morte: "Lembra-te de teus novíssimos, e não pecarás jamais".

É preciso persuadirmo-nos de que a hora da morte não é o momento próprio para regular contas e assegurar com elas o grande negócio da salvação. As pessoas prudentes deste mundo tomam, nos negócios temporais, todas as precauções necessárias para obter tal benefício, tal cargo, tal casamento conveniente e, com o fim de conservar ou restabelecer a saúde do corpo, não deixam de empregar os remédios adequados. Que se diria de um homem que, tendo de apresentar-se ao concurso de uma cadeira, esperasse, para adquirir a indispensável habilitação, até ao momento de acudir aos exercícios? Não seria um louco o comandante de uma praça que esperasse vê-la sitiada para fazer provisões de víveres e armamentos? Não seria insensato o navegante que aguardasse a tempestade para munir-se de âncoras e cabos?... Tal é, todavia, o procedimento do cristão que adia até a hora da morte para regular o estado de sua consciência.

"Quando cair sobre eles a destruição como uma tempestade... então invocar-me-ão e não os escutarei... Comerão os frutos do seu mau proceder" (Pr 1,27.28.31).

A hora da morte é tempo de confusão e de tormenta. Então os pecadores implorarão o socorro do Senhor, mas sem conversão verdadeira, unicamente com o receio do inferno, em que se veem próximos a cair.

Não bastará receber os Sacramentos, mas será preciso morrer detestando o pecado e amando a Deus sobre todas as coisas. Como, porém, poderá aborrecer os prazeres ilícitos aquele que até então os amou?... Como amará a Deus sobre todas as coisas aquele que até esse instante tiver amado mais as criaturas do que a Deus?

Que angústia nos dará o pensamento de que já não é possível fazer penitência, frequentar os Sacramentos, ouvir a palavra de Deus, visitar Jesus Sacramentado, fazer oração! O que está feito, está feito (Lc 16,21). Seria necessário ter então mais presença de espírito, mais tranquilidade e serenidade para confessar-se bem, para dissipar graves escrúpulos e tranquilizar a consciência... mas *já não é tempo!* (Ap 10,6).

Examinar A Consciência E Aperfeiçoar A Vida

Já que é certo, meu irmão, que tens de morrer, prostra-te aos pés do Crucifixo; agradece-lhe o tempo que sua misericórdia te concede para regular tua consciência, e passa em revista a seguir todas as desordens de tua vida passada, especialmente as de tua mocidade. Considera os mandamentos divinos.

Recorda os cargos e ocupações que tiveste, as amizades que cultivaste; anota tuas faltas e faze — se ainda a não fizeste — uma confissão geral de toda a tua vida... Oh! Quanto contribui a confissão geral para pôr em boa ordem a vida de um cristão. Cuida que essa conta sirva para a eternidade e trata de resolvê-la como se a apresentasses no tribunal de Jesus Cristo.

Afasta de teu coração todo afeto mau e todo rancor ou ódio. Satisfaze qualquer motivo de escrúpulo acerca dos bens alheios, da reputação lesada, de escândalos dados, e propõe firmemente fugir de todas as ocasiões em que possas perder a Deus. Pensa que aquilo que agora parece difícil, impossível, a ti parecerá no momento da morte.

O que mais importa é que resolvas pôr em execução os meios de conservar a graça de Deus. Por exemplo: ouvir missa frequentemente; meditar nas verdades eternas; confessar-se, receber a comunhão regularmente e, se possível, visitar todos os dias o Santíssimo Sacramento e a Virgem Maria; praticar a leitura espiritual; fazer todas as noites exame de consciência; escolher alguma devoção especial à Virgem.

Por fim, propor recomendar-se a Deus e à sua Mãe Santíssima, invocando a miúdo, sobretudo no tempo da tentação, os san-tíssimos nomes de Jesus e Maria. Tais são os meios com que podemos alcançar uma boa morte e a salvação eterna.

Exercer essas práticas será sinal evidente de nossa predestinação. Pelo que diz respeito ao passado, confia no sangue de Nosso Senhor Jesus Cristo, que te dá estas luzes porque quer salvar-te, e espera na intercessão de Maria, que te obterá as graças necessárias. Com a vida assim regulada e a esperança posta em Jesus e Maria, quanto nos ajuda Deus e que força não adquire a alma!

Coragem, pois, meu leitor, entrega-te todo a Deus, que te chama, e começa a gozar dessa paz que até agora, por culpa tua, não experimentaste. Pode, porventura, uma alma desfrutar paz maior que a de poder dizer todas as noites, ao descansar: Se viesse esta noite a morte, morreria, segundo espero, na graça de Deus!? Que consolação se, ao ouvir o fragor do trovão, ao sentir a terra tremer, pudermos esperar resignadamente a morte, se Deus assim o tiver determinado!

Destacar-se Diante Do Mundo

É necessário o cuidado de nos acharmos em qualquer tempo, como quiséramos estar na hora da morte. "Bem-aventurados os mortos que morrem no Senhor" (Ap 14,13). Diz Santo Am-brósio que morrem felizes aqueles que ao morrer já estão mortos para o mundo, ou seja, desprendidos dos bens que por força então hão de deixar. Por isso, é necessário que desde já aceitemos o abandono de nossa fazenda, a separação de nossos parentes e de todos os bens terrenos. Se não o fizermos voluntariamente durante a vida, forçosa e necessariamente o teremos de fazer na morte, com a diferença de que então não será sem grande dor e grave perigo de nossa salvação eterna.

Adverte-nos, neste propósito, Santo Agostinho, que constitui grande alívio, para morrer tranquilo, regular em vida os interesses temporais, fazendo previamente as disposições relativas aos bens que temos de deixar, a fim de que na hora derradeira somente pensemos em nossa união com Deus. Convirá então só ocupar-nos das coisas de Deus e da glória, pois são demasiadamente preciosos os últimos momentos da vida para dissipá-los em assuntos terrenos.

Examina, pois, meu irmão, se teu coração tem apego a qualquer coisa da terra, a determinadas pessoas, honras, riquezas, casa, sociedade ou diversões, e considera que não hás de viver aqui eternamente. Virá o dia, talvez próximo, em que deverás deixar tudo. Por que, neste caso, manter o afeto nessas coisas, correndo risco de ter morte inquieta?... Oferece-te, desde já, por completo a Deus, que pode, quando lhe aprouver, privar-te desses bens.

Procede como se cada dia fosse o último da vida, cada ação a derradeira que praticas; a última oração, a última confissão, a última comunhão. Imagina que estás moribundo, estendido sobre o leito, e que ouves aquelas palavras imperiosas: *Sai deste mundo*.

Quanto esses pensamentos nos podem ajudar a caminhar bem e a menosprezar as coisas mundanas! "Bem-aventurado aquele servo, a quem o seu senhor, quando vier, achar procedendo assim" (Mt 24,46). Aquele que espera a toda hora a morte, ainda que esta venha subitamente, não pode deixar de morrer bem.

ORAÇÃO

Senhor, quero amar-vos quanto posso, para entrar na eternidade amando-vos. Pouco me resta para vos oferecer, mas ofereço-vos estas dores e o sacrifício que vos ofereceu por mim Jesus Cristo na cruz. Poucas e breves são, Senhor, as penas que padeço, em comparação com as que hei merecido; mas, tais como são, abraço-as em sinal do amor que vos tenho. Resigno-me a todos os castigos que me queirais infligir nesta e na outra vida. Contanto que possa amar-vos eternamente, castigai-me quanto vos aprouver. Peço que não me priveis de vosso amor. Reconheço que não mereço amar-vos por haver tantas vezes desprezado o vosso amor, mas vós não podeis repelir uma alma arrependida. Pesa-me, ó Suma Bondade, de vos ter ofendido. Amo-vos com todas as veras do meu coração, e em vós deposito toda a minha confiança, ó Redentor meu! Nas vossas mãos chagadas encomendo a minha alma... (Sl 30,6).

Virgem e Mãe minha, ajudai-me na minha última hora! Entrego-vos minha alma! Tende piedade de mim!

Capítulo VII

O valor do tempo

Filho, aproveita o tempo (Eclo 4,20).

Diligencia, meu filho — diz o Espírito Santo —, em empregar bem o tempo, porque é a coisa mais preciosa, riquíssimo dom que Deus concede ao homem mortal. Até os próprios gentios tinham conhecimento de seu valor. Sêneca dizia que nada pode equivaler ao valor do tempo.

Com maior estimação ainda o apreciaram os santos. Afirma São Bernardino de Sena que um só momento vale tanto como Deus, porque nesse instante, com um ato de contrição ou de amor perfeito, pode o homem adquirir a graça divina e a glória eterna.

O tempo é um tesouro que só se acha nesta vida, mas não na outra, nem no céu, nem no inferno. É este o grito dos condenados: Oh! Se tivéssemos uma hora!"... Por todo o preço comprariam uma hora a fim de reparar sua ruína; porém, esta hora jamais lhes será dada. No céu não há pranto; mas se os bem-aventurados pudessem sofrer, chorariam o tempo perdido na sua vida mortal, o qual lhes poderia ter servido para alcançar grau mais elevado na glória; porém, já se passou a época de merecer.

E tu, meu irmão, em que empregas o tempo?... Por que sempre adias para amanhã o que podes fazer hoje? Reflete que o tempo passado desapareceu e já não te pertence; que o futuro não depende de ti. Só dispões do tempo presente para agir...

"Ó infeliz! — adverte São Bernardo. Por que ousas contar com o vindouro, como se Deus tivesse posto o tempo em seu poder?" E Santo Agostinho disse: "Como te podes prometer o dia de amanhã, se não dispões de uma hora de vida?" Daí conclui Santa Teresa: "Se não estiveres preparado hoje para morrer, teme morrer mal..."

Negligenciar O Tempo

Nada há mais precioso que o tempo e não há coisa menos estimada nem mais desprezada pelos mundanos. Isso deplora São

Bernardo, dizendo: "Passam rapidamente os dias de salvação, e ninguém reflete que esses dias desaparecem e jamais voltam".

Vede aquele jogador que perde dias e noites na tavolagem. Perguntai-lhe o que fez e responderá: "Passar o tempo".

Vede o ocioso que se entretém horas inteiras na rua a ver quem passa ou a falar em coisas obscenas ou inúteis. Se lhe perguntam o que está fazendo, dirá que não faz mais do que passar o tempo.

Pobres cegos, que assim vão perdendo tantos dias; dias que nunca mais voltam!

Ó tempo desprezado! Tu serás a coisa que os mundanos mais desejarão no transe da morte... Queremos então dispor de mais um ano, mais um mês, mais um dia; mas não o terão, e ouvirão dizer que *já não haverá mais tempo* (Ap 10,6).

O que não daria então cada um deles para ter mais uma semana, um dia de vida, a fim de poder melhor ajustar as contas da alma!... Ainda que fosse para alcançar só uma hora — disse São Lourenço Justiniano — dariam todos os seus bens. Mas não obterão essa hora de trégua...

Por isso, exorta o profeta a que nos lembremos de Deus e procuremos sua graça antes que a luz se nos extinga (Ecl 12,1-2).

Que apreensão não sentirá um viajante ao notar que se transviou no caminho, quando, por ser já noite, não lhe é possível reparar o engano!... Tal será a mágoa na morte do que tiver vivido muitos anos sem empregá-los no serviço de Deus.

A Bíblia diz: "Virá a noite em que ninguém poderá fazer mais nada" (Jo 9,4).

Usar Bem O Tempo

Devemos caminhar pela via do Senhor enquanto temos vida e luz, porque esta logo desaparece na morte (Lc 12,40). Então já não é tempo para preparar-se, mas de estar pronto (Jo 12,35). Quando chega a morte, não se pode fazer nada: o que está feito está feito...

Ó Deus! Se alguém soubesse que em breve se decidiria a causa de sua vida ou morte, ou de toda a sua fortuna, com que ardor não procuraria um bom advogado, diligenciaria para que os juízes conhecessem nitidamente as razões que lhe assistem e trataria de empregar os meios para obter sentença favorável!...

Que fazemos nós? Sabemos com certeza que muito brevemente, no momento em que menos o pensamos, se há de julgar a causa do maior negócio que temos, isto é, do negócio de nossa salvação eterna... e ainda perdemos tempo?

Dirá talvez alguém: "Sou ainda moço; mais tarde me converterei a Deus".

Sabe — respondo — que o Senhor amaldiçoou aquela figueira que achou sem frutos, posto que não fosse estação própria, como observa o Evangelho (Mc 11,13). Com esse fato quis Jesus Cristo dar-nos a entender que o homem, em todo tempo, sem excetuar a mocidade, deve produzir frutos de boas obras, senão será amaldiçoado e nunca mais dará frutos no futuro. Nunca jamais coma alguém fruto de ti (Mc 11,14).

Assim falou o Redentor àquela árvore, e do mesmo modo amaldiçoa a quem ele chama e lhe resiste... Circunstância digna de admiração! Ao demônio parece breve a duração de nossa vida, e é por isso que não deixa escapar ocasião de nos tentar. "Desceu a vós o demônio com grande ira, sabendo que lhe resta pouco tempo" (Ap 12,12). De sorte que o inimigo não perde nem um instante para desgraçar-nos e nós não aproveitamos o tempo para nos salvar!

Outro dirá: Qual é o mal que faço?... Eu respondo: E já não é um mal perder o tempo em jogos e conversações inúteis, que de nada servem à nossa alma? Acaso nos dá Deus esse tempo para que assim o percamos?

Não, diz o Espírito Santo: "Realizai vossa obra antes do tempo fixado, e ele, no tempo que é seu, vos dará a recompensa" (Eclo 51,30).

Aqueles operários de que fala São Mateus não faziam nenhum mal; somente perdiam o tempo, e é por isso que o dono da vinha os repreendeu: "Que estais aqui todo o dia ociosos?" (Mt 20).

Consideremos ao menos que em cada instante podemos ganhar maior cópia de bens eternos. Se nos cedessem a propriedade do terreno que pudéssemos percorrer num dia, ou o dinheiro que pudéssemos contar num dia, que esforços não faríamos!

O que podes fazer hoje não digas que o farás amanhã, porque o dia de hoje se perderá e não mais voltará.

ORAÇÃO

Meu Deus, não quero perder o tempo que me haveis concedido por vossa misericórdia... Dou-vos, pois, fervorosas graças por me terdes conservado a vida. Desejo, nos dias que me restam, viver somente para vós. Se estivesse no inferno, choraria desesperado e sem fruto. Agora chorarei as ofensas que cometi contra vós e, chorando-as, estou certo de que mas perdoareis. Concedei-me, ó Deus, a perseverança no vosso santo serviço e dai--me o vosso amor; depois fazei de mim o que quiserdes.

Virgem Santíssima, minha Mãe, alcançai-me a graça de recomendar-me sempre a Deus e pedir-lhe seu santo amor e a perseverança.

Capítulo VIII

Importância da salvação

*Mas vos rogamos, irmãos,
a avançar cada vez mais* (1Ts 4,10).

O negócio da eterna salvação é, sem dúvida, o mais importante, e, contudo, é aquele de que os cristãos mais se esquecem.

Não há diligência que não se efetue, nem tempo que não se aproveite para obter algum cargo, ganhar uma demanda, ou contratar tal casamento... Quantos conselhos, quantas precauções se tomam! Não se come, não se dorme!... E para alcançar a salvação eterna? O que se faz?

Nada se costuma fazer; ao contrário, tudo o que se faz é para perdê-la, e a maior parte dos cristãos vive como se a morte, o juízo, o inferno, a glória e a eternidade não fossem verdades da fé, mas apenas fábulas inventadas pelos poetas.

Quanta aflição quando se perde um processo ou uma colheita e quanto cuidado para reparar o prejuízo!... Quando se extravia um cavalo ou um cão, quantas diligências para encontrá-los. Muitos perdem a graça de Deus, e entretanto dormem, riem e gracejam!...

"Mas vós — disse São Paulo —, vós, meus irmãos, pensai unicamente no magno assunto de vossa salvação, pois constitui o negócio da mais alta importância." É, sem contestação, o negócio *mais importante,* porque é das mais graves consequências, em vista de se tratar da alma, e, perdendo-se esta, tudo está perdido. Devemos estimar a alma — disse São João Crisóstomo — como o mais precioso dos bens. Para compreender esta verdade, basta considerar que Deus sacrificou seu próprio Filho à morte para salvar nossas almas (Jo 3,16). O Verbo Eterno não vacilou em resgatá-las com seu próprio sangue (1Cor 6,20).

Daí esta palavra de Nosso Senhor Jesus Cristo: "Que dará o homem em troco de sua alma?" (Mt 16,26). Se tem tamanho valor a alma, qual o bem do mundo que poderá dar em troca o homem que a vem a perder?

Razão tinha São Filipe Néri em chamar de louco o homem que não trabalhava na salvação de sua alma. Se houvesse na terra homens mortais e homens imortais e aqueles vissem estes se aplicarem afanosamente às coisas do mundo, procurando honras, riquezas e prazeres terrenos, dir-lhes-iam sem dúvida: "Quanto sois insensatos! Podeis adquirir bens eternos e só pensais nas coisas miseráveis e passageiras, condenando-vos a penas eternas na outra vida!... Deixai-os, pois, nesses bens só devem pensar os desventurados que, como nós, sabem que tudo se acaba com a morte!..." Isto, porém, não é assim: todos somos imortais...

Salvação: Nosso Único Dever

A salvação eterna não é só o mais importante, senão o *único* negócio que nesta vida nos impende (Lc 10,42). "Que aproveita ao homem — disse o Senhor — ganhar o mundo inteiro e perder sua alma?" (Mt 16,26).

Se tu te salvas, meu irmão, nada importa que no mundo hajas sido pobre, perseguido e desprezado. Salvando-te, acabar-se-ão os males e serás feliz por toda a eternidade.

Mas, se te enganares e te perderes, de que te servirá no inferno haveres desfrutado de todos os prazeres do mundo, teres sido rico e cortejado? Perdida a alma, tudo está perdido: honras, divertimentos e riquezas.

Que responderás a Jesus Cristo no dia do juízo? Se um rei enviasse um embaixador a uma grande cidade, a fim de tratar de um negócio importante, e esse ministro, em vez de ali dedicar-se à missão que lhe fora confiada, só se ocupasse de banquetes, festas e espetáculos, de modo que por sua negligência fracassasse a negociação, que contas poderia dar ao rei à sua volta?

Do mesmo modo, ó meu Deus, que conta poderá dar ao Senhor no dia do juízo, aquele que, colocado neste mundo, não para divertir-se, nem enriquecer, nem adquirir honras, senão para salvar sua alma, infelizmente a tudo atendeu, menos à sua alma? Os mundanos não pensam no presente e nunca no futuro.

Este é o *único* negócio, porque só temos uma alma. Certo príncipe solicitou a Bento XII uma graça que não podia ser concedida sem pecado. Respondeu o Papa ao embaixador: "Dizei a vosso soberano que, se eu tivesse duas almas, poderia sacrificar uma por ele e reservar a outra para mim, mas como só tenho uma, não quero perdê-la".

A mesma verdade expunha Santa Teresa e suas religiosas: "Minhas irmãs, uma alma e uma eternidade"; o que quer dizer: há *uma* alma e, perdida esta, tudo está perdido; há *uma* eternidade, e a alma, uma vez perdida, para sempre o será. Por isso, Davi suplicava a Deus, e dizia: "Senhor, uma só coisa vos peço: salvai-me a alma, e nada mais quero" (Sl 27,4).

Com receio e com temor trabalhai na vossa salvação (Fl 2,12). Quem não receia nem teme perder-se não se salvará, porque para se salvar é preciso trabalhar e empregar violência (Mt 11,12).

Para alcançar a salvação é necessário que, na hora da morte, apareça a nossa vida semelhante à de Nosso Senhor Jesus Cristo (Rm 8,29). Para este fim devemos esforçar-nos em evitar as ocasiões perigosas e empregar os meios necessários para conseguir a salvação.

Todos desejariam salvar-se, mas sem o menor incômodo. "O demônio — diz Santo Agostinho — trabalha sem repouso para perder-te, e tu, tratando-se de tua felicidade ou de tua desgraça eterna, tanto te descuidas?"

Negligenciar A Salvação É Um Pecado Irreparável

Negócio *importante,* negócio *único,* negócio *irreparável.* Não há falta que se possa comparar, diz Santo Eusébio, ao desprezo da salvação eterna. Todos os demais erros podem ter remédio. Perdidos os bens, é possível readquirir outros por meio de novos trabalhos. Perdido um emprego, pode ser recuperado. Ainda no caso de perder a vida, se salvar a alma, tudo está preparado. Mas, para quem se condena, não há possibilidade de remédio. Morre-se uma vez, e perdida uma vez a alma, está perdida para sempre.

Só resta o pranto eterno com os outros míseros insensatos do inferno, cuja pena e maior tormento consiste em pensar que para eles já não há mais tempo de remediar sua desdita (Jr 8,20). Qual não seria o pesar daquele que, tendo podido prevenir e evitar com pouco esforço a ruína de sua casa, a encontrasse um dia desabada e só então considerasse seu próprio descuido, quando não houvesse já remédio possível?

E se alguém objetar: Mesmo que cometa esse pecado, por que hei de condenar-me?... Acaso, não poderei salvar-me? Responder-

-lhe-ei: Também pode ser que te condenes. Ainda direi que até há mais probabilidade em favor de tua condenação, porque a Sagrada Escritura ameaça com este tremendo castigo os pecadores obstinados, como tu o és neste instante. "Ai dos filhos que desertam!" (Is 30,1) — diz o Senhor. "Ai daqueles que se afastam de mim" (Os 7,13).

E não pões ao menos, com esse pecado cometido, a tua salvação eterna em grande perigo e grande incerteza? E qual é esse negócio que assim se pode arriscar? Não se trata de uma casa, de uma cidade, de um emprego; trata-se — diz São João Crisóstomo — de padecer uma eternidade de tormentos e de perder um paraíso de delícias. E esse negócio, que tanto te deve importar, queres arriscá-lo por um "talvez"?

Não sabes que a esperança dos obstinados no pecado não é esperança, mas presunção e ilusão que não promovem a misericórdia divina, mas provocam sua indignação? Se dizes que presentemente não estás em estado de resistir às tentações, à paixão dominante, como resistirás mais tarde, quando, em vez de aumentar, te faltará a força pelo hábito de pecar? Por uma parte, a alma estará mais cega e mais endurecida na malícia, e por outra faltar-lhe-á o auxílio divino... Acaso, esperas que Deus aumente para ti suas luzes e suas graças depois que tu hajas aumentado ilimitadamente tuas faltas e pecados?

ORAÇÃO

Ó meu Deus! Quanto vos agradeço terdes permitido que me ache agora a vossos pés e não no inferno, que tantas vezes mereci! Voltei-vos as costas e vos perdi, meu Sumo Bem!... Mas arrependo-me de todo o coração... Perdi-vos, mas vosso Profeta me assegura que sois todo bondade e que vos deixais achar pelas almas que vos procuram. Se no passado me afastei de vós, ó Rei de minh'alma, agora vos procuro... A vós somente procuro, Senhor. Aceitai-me e não vos indigneis de que vos ame este coração que outrora vos desprezou.

Maria, minha Mãe, alcançai-me essas graças unidas à da perseverança até à morte.

Capítulo IX

Descobrir
os verdadeiros valores

Que aproveita ao homem ganhar o mundo inteiro, se perder sua alma? (Mt 16,26)

Numa viagem marítima, um filósofo antigo, de nome Aristipo, naufragou com o navio em que ia, perdendo todos os bens. Pôde, entretanto, chegar salvo à terra, e os habitantes do país a que arribou, entre os quais Aristipo gozava de grande fama por seu saber, o indenizaram de tudo o que havia perdido.

Admirado, escreveu logo a seus amigos e patrícios incitando-os a que aproveitassem o seu exemplo, e que somente se premunissem das riquezas que nem com os naufrágios se podem perder. É isto exatamente o que nos recomendam nossos parentes e amigos que já chegaram à eternidade. Advertem-nos para que neste mundo procuremos adquirir antes de tudo os bens que nem a morte nos faz perder.

O dia da morte é chamado o dia da perda, porque nele perdemos as honras, as riquezas e os prazeres, enfim, todos os bens terrenos. Por esta razão diz Santo Ambrósio que não podemos chamar nossos esses bens, porque não podemos levá-los conosco para o outro mundo; somente as virtudes nos acompanham para a eternidade.

"De que serve, pois — diz Jesus Cristo (Mt 16,26) —, ganhar o mundo inteiro, se à hora da morte, perdendo a alma, tudo perde?"... Oh! Quantos jovens, penetrados desta grande máxima, resolveram entrar na clausura! Quantos anacoretas conduziu ao deserto! A quantos mártires moveu a dar a vida por Cristo!

Por meio dessas máximas soube Santo Inácio de Loiola chamar para Deus inúmeras almas, entre elas a alma formosíssima de São Francisco Xavier que, residindo em Paris, ali se ocupava em pensamentos mundanos. "Pensa, Francisco — lhe disse um dia o Santo —, pensa que o mundo é traidor, que promete e não cumpre; mas, ainda que cumprisse o que promete, jamais poderia satisfazer teu coração. E supondo que o satisfizesse, quanto tempo poderá durar essa felicidade? Mais que tua vida? E no fim dela, levarás tua dita para a eternidade? Existe, porventura, algum poderoso que tenha levado para o outro mundo uma moeda sequer ou um criado para seu serviço?..." Movido por estas considerações, São Francisco Xavier renunciou ao mundo, seguiu Santo Inácio de Loiola e se tornou um grande Santo.

"Vaidades das vaidades" (Ecl 1,2). Assim chamou Salomão aos bens do mundo, depois de ter experimentado, como ele mesmo confessou, todos os prazeres da terra (Ecl 2,10). Coisa admirável! Tremem os santos ao pensar em sua salvação eterna.

É mister pesar os bens na balança de Deus e não na do mundo, que é falsa e enganadora (Os 12,7). Os bens do mundo são desprezíveis, não satisfazem e acabam depressa. "Meus dias passaram mais depressa que um correio; passaram como um navio..." (Jó 9,25-26).

Passam e fogem velozes os breves dias desta vida; e o que resta por fim dos prazeres terrenos? Passaram como navios. O navio não deixa vestígio de sua passagem (Sb 5,10).

Perguntemos a todos esses ricos, sábios, príncipes, imperadores, que estão na eternidade, o que acham ali de suas passadas grandezas, pompas e delícias deste mundo. Todos responderão: "Nada, nada".

E se caem no inferno, que farão e que dirão ali?... Chorarão, dizendo: "Para que nos serviram o luxo e a riqueza? Tudo agora se passou como sombra" (Sb 5,8-9) e nada nos resta senão penas, pranto e desespero sem fim.

Ó Deus! À luz do círio que na hora da morte se acende, naquele momento de grandes verdades, os mundanos reconhecem e confessam sua grande loucura. Então desejariam ter renunciado ao mundo e levado vida santa.

O Pontífice Leão XI disse na hora da morte: "Em vez de ser Papa, melhor fora para mim ter sido porteiro no meu convento".

Filipe II, rei da Espanha, chamou seu filho na hora da morte e, depois de afastar a roupa, mostrou-lhe o peito roído de vermes, dizendo: "Vê, príncipe, como se morre, e como se acabam as grandezas do mundo". Depois exclamou: "Por que não fui eu, em vez de monarca, simples frade leigo de qualquer ordem!"

Mandou depois que lhe pusessem ao pescoço uma cruz de madeira; e tendo disposto todas as coisas para sua morte, disse a seu herdeiro: "Quis, meu filho, que estivesses presente a este ato, para que visses como, no fim da vida, o mundo trata ainda os próprios reis. Sua morte é igual à dos mais pobres da terra. Aquele que melhor tiver vivido, esse é que achará junto de Deus mais alto favor".

Dizia, por isso, Santa Teresa: "Não se deve fazer caso das coisas que acabam com a vida. A verdadeira vida consiste em viver de modo que nada se tenha a recear da morte..." Portanto, se desejamos compreender o que valem os bens da terra, consideremo-los do leito da morte e digamos logo: Aquelas riquezas, estas honras, estes prazeres, um dia se acabarão. É necessário, assim, que procuremos santificar-nos e enriquecer-nos somente dos bens únicos que hão de acompanhar-nos sempre e que constituirão nossa dita por toda a eternidade.

"O tempo é breve... os que se servem do mundo, sejam como se dele não se servissem, porque a figura deste mundo passa..." (1Cor 7,31). Procuremos, pois, viver de maneira que à hora de nossa morte não se nos possa dizer o que se disse ao néscio mencionado no Evangelho: "Insensato, nesta noite hão de exigir de ti a entrega de tua alma; e as coisas que juntaste, para quem serão?" (Lc 12,20). E logo acrescenta São Lucas: "Assim é que sucede a quem enriquece para si, e não é rico aos olhos de Deus" (Lc 12,21).

Mais adiante se diz: "Procurai entesourar para o céu, onde não chegam os ladrões nem rói a traça" (Mt 6,20).

Façamos, pois, todo o esforço para adquirir o grande tesouro do amor divino. "Que possui o rico, se não tem caridade? E se o pobre tem caridade, o que não possui?" — diz Santo Agostinho. Quem possui todas as riquezas, mas não possui a Deus, é o mais pobre do mundo. Mas o pobre que possui a Deus possui tudo... E quem é que possui a Deus? Aquele que o ama. "Quem permanece na caridade, em Deus permanece, e Deus nele" (1Jo 4,16).

ORAÇÃO

Ah, meu Redentor!... Sofrestes tantos sacrifícios e tantas ignomínias por meu amor, e eu amei tanto os prazeres e as vaidades do mundo, que por sua causa fui levado a calcar aos pés inúmeras vezes a vossa graça.

Mas, ainda que vos desprezasse, não deixáveis de me procurar; por isso, ó meu Jesus, não posso temer que me abandonareis agora que vos procuro e amo de todo o coração, e me dói mais de vos ter ofendido que se tivesse sofrido qualquer outro mal.

Quero amar-vos verdadeiramente; e por vós, Senhor, aceitarei gostosamente todos os sofrimentos e todas as cruzes que me vierem. Castigai-me nesta vida, a fim de que na outra possa amar-vos eternamente.

Maria, minha Mãe, a vós me recomendo; não deixeis de rogar a Jesus por mim.

Capítulo X

A vida presente é uma viagem para a eternidade

Irá o homem à casa de sua eternidade
(Ecl 12,5).

Ao considerar que neste mundo tantos malvados vivem na prosperidade e tantos justos, ao contrário, vivem cheios de tribulações, os próprios pagãos, unicamente com o auxílio da luz natural, reconheceram a verdade de que, existindo Deus e sendo ele justíssimo, deve haver outra vida na qual os ímpios serão castigados e os bons recompensados.

Ora, o que os pagãos conheceram, seguindo as luzes da razão, confessamo-lo nós, cristãos, também pela luz da fé. "Não temos aqui cidade permanente, mas vamos em busca da que está por vir" (Hb 13,14).

A terra não é nossa pátria, mas apenas lugar de trânsito, por onde passamos para chegar em breve à casa da eternidade (Ecl 12,5). Assim, meu leitor, a casa em que moras não é "tua própria casa", é uma hospedaria que bem cedo, e quando menos o pensas, terás de deixar.

Por isso, Santo Agostinho nos diz: "És hóspede que passa e vê". Néscio seria o viajante que, tendo de visitar de passagem um país, quisesse empregar ali todo o seu patrimônio na compra de imóveis, que ao cabo de poucos dias teria de abandonar.

Considera, por conseguinte, diz o Santo, que estás de passagem neste mundo, e não ponhas teu afeto naquilo que vês. Vê e passa, e procura uma boa morada, onde para sempre poderás viver.

Feliz de ti se te salvas!... Quão formosa a glória!... Os palácios mais suntuosos dos reis são como choças em comparação à cidade celeste, única que se pode chamar "Cidade de perfeita formosura" (Lm 2,15). Ali não haverá nada que desejar. Vivereis na gozosa companhia dos santos, da divina Mãe de Nosso Senhor Jesus Cristo, e sem recear nenhum mal. Vivereis, em suma, abismados num mar de alegrias, de contínua beatitude, que durará sempre (Is 35,10). Se, ao contrário, te condenares, desgraçado de ti! Sentir-te-ás submerso num mar de fogo e de tormentos, desesperado, abandonado de todos e privado de teu Deus... E por quanto tempo?... Acaso ao terem decorrido cem anos ou mil, tua pena estará cumprida? Oh, nunca acabará!...

Quando Santo Tomás More foi condenado à morte por Henrique VIII, Luísa, sua esposa, procurou persuadi-lo a consentir no que o rei queria.

Tomás replicou-lhe: "Dize-me, Luísa, vês que já sou velho. Quanto tempo ainda poderei viver?" "Poderás viver ainda vinte anos" — disse a esposa. "Ó triste negócio! — exclamou então Tomás — Por vinte anos de vida na terra, querias que perdesse uma eternidade de ventura e que me condenasse à eterna desdita?"

Iluminai-nos, ó Deus! Se a doutrina da eternidade fosse duvidosa, se não passasse de opinião provável, ainda assim deveríamos procurar com empenho viver bem para não nos expormos, caso essa opinião fosse verdadeira, a ser eternamente infelizes. Mas essa doutrina não é duvidosa, senão certa; não é mera opinião, senão verdade de fé.

Reavivemos, pois, nossa fé, dizendo: "Creio na vida eterna!" Creio que depois desta vida há outra que não acaba nunca. Tendo sempre presente este pensamento, lancemos mãos dos meios convenientes para assegurar a salvação. E se for preciso, fujamos do mundo, porque nenhuma precaução é demais para nos assegurar a eterna salvação.

ORAÇÃO

Não há, pois, meu Deus, termo médio: ou ser sempre feliz, ou para sempre desgraçado; ou hei de lançar-me num mar de venturas, ou num pélago de tormentos; ou convosco na glória, ou eternamente no inferno separado de vós. Sei com certeza que muitas vezes mereci o inferno, mas também sei com certeza que perdoais ao que se arrepende e livrais de eterna condenação ao que espera em vós. Dissestes: "Clamará a mim... e eu o livrarei e glorificarei" (Sl 91,15).

Perdoai-me, pois, meu Senhor, e livrai-me do inferno. Restabelecei-me na vossa graça e dai-me vosso santo amor.

Ó Rainha e minha Mãe! Assisti-me com vossas orações!

CAPÍTULO XI

A malícia do pecado mortal

*Filhos criei e engrandeci-os;
mas eles me desprezavam* (Is 1,2).

Que faz aquele que comete pecado mortal?... Injuria a Deus, desonra-o e, no que depende dele, cobre-o de amargura. Primeiramente, o pecado mortal é uma ofensa grave que se faz a Deus. A malícia de uma ofensa, diz Santo Tomás, mede-se pela pessoa que a recebe e pela pessoa que a comete.

A ofensa feita a um simples particular é sem dúvida um mal; mas constitui delito maior se é feita a uma pessoa de alta dignidade, e muito mais grave quando visa o rei...

E quem é Deus? É o Rei dos reis (Ap 17,14). Deus é a Majestade infinita, perante quem todos os príncipes da terra e todos os santos e anjos do céu são menos que um grão de areia (Is 40,15).

E o homem, o que é?... Responde São Bernardo: saco de vermes, pasto de vermes, que cedo o hão de devorar. O homem é um miserável que nada pode, um cego que nada vê; pobre e nu, que nada possui (Ap 3,17).

"E esse verme miserável se atreve a injuriar a Deus?" — exclama o mesmo São Bernardo. Com razão, pois, afirma o Doutor Angélico, que o pecado do homem contém uma malícia quase infinita. Por isso, Santo Agostinho chama, absolutamente, o pecado "mal infinito". Daí se segue que todos os homens e todos os anjos não poderiam satisfazer por um só pecado, mesmo que se oferecessem à morte e ao aniquilamento.

Deus castiga o pecado mortal com as penas terríveis do inferno; contudo, esse castigo é, segundo dizem todos os teólogos, menor que a pena com que tal pecado deveria ser castigado. O pecador na presença de Deus mesmo lhe falta o respeito e se afasta dele e nisto consiste propriamente o pecado mortal: o ato com que o homem se alheia de Deus. Disto se lamentava o Senhor, dizendo: "Tu me abandonaste"; "Tu me voltaste as costas" (Jr 15,6).

Deus declarou que aborrece o pecado, de modo que não pode deixar de aborrecer a quem o comete (Sb 14,9). Quando o homem peca, ousa declarar-se inimigo de Deus e combate frente a frente contra ele. Que dirias se visses uma formiga a lutar com um soldado? Deus é esse onipotente Senhor que, com um ato de sua vontade, arrancou do nada o céu e a terra. E, se quisesse, por um sinal seu, poderia aniquilá-los (2Mc 8,18). O pecador, quando consente no pecado, levanta a mão contra Deus. Que injúria! Que temeridade! Que cegueira tão grande!

O Pecado Desonra a Deus

O pecador não só ofende a Deus, mas também o desonra (Rm 2,23). Com efeito, renunciando à graça divina por um miserável prazer, menospreza e rejeita a amizade de Deus. Se o homem perdesse essa soberana amizade para ganhar um reino ou ainda o mundo inteiro, não há dúvida de que faria um mal imenso, pois a amizade de Deus vale mais que o mundo e que mil mundos. E por que será que se ofende a Deus? (Sl 10,13). Por um punhado de terra, por um ímpeto de ira, por um prazer brutal, por uma quimera, por um capricho (Ez 13,19).

Quando o pecador começa a deliberar consigo mesmo se deve ou não dar consentimento ao pecado, toma, por assim dizer, em suas mãos, a balança e se põe a considerar o que pesa mais, se a graça de Deus ou a ira, a quimera, o prazer... E quando, por fim, dá o consentimento, declara que para ele vale mais aquela quimera ou aquele prazer que a amizade divina.

Mas Deus, ao contrário, vendo-se comparado pelos pecadores a uma satisfação vilíssima e posposto a ela, lhes diz: "A quem me comparastes e igualastes?" (Is 40,25). De modo que — exclama o Senhor — vale aquele prazer mais que minha graça? (Eclo 23,35).

Além disso, quando o pecador, para satisfazer qualquer paixão, ofende a Deus, converte em sua divindade essa paixão, porque nela põe o seu último fim. Assim diz São Jerônimo: "Aquilo que alguém deseja, se o venera, é para ele um Deus. Vício no coração é ídolo no altar".

Quando Jeroboão se revoltou contra o Senhor, procurou levar consigo o povo à idolatria e, apresentando os ídolos, disse-lhes: "Aqui estão, Israel, os teus deuses" (1Rs 12). De modo semelhante procede o demônio; apresenta ao pecador os prazeres e lhe diz:

"Que tens que ver com Deus?... Eis aqui o teu Deus: é esta paixão, este prazer. Toma-o e abandona a Deus".

Se ao menos os pecadores não desonrassem a Deus em sua presença!... Mas o injuriam e o desonram face a face, porque Deus está presente em todos os lugares (Jr 23,24). O pecador o sabe. E, apesar de tudo, atreve-se a provocar o Senhor na mesma presença divina (Is 65,3).

O Pecado Entristece a Deus

O pecador injuria, desonra a Deus e, no que toca sua parte, o cobre de amargura, pois não há amargura mais sensível que se ver pago com ingratidão pela pessoa amada em extremo favorecida.

E a que se atreve o pecador?... Ofende ao Deus que o criou e tanto o amou, que deu por seu amor o sangue e a vida. E o homem o expulsa de seu coração ao cometer um pecado mortal.

Deus habita na alma que o ama. "Se alguém me ama... meu Pai o amará, e viremos a ele e faremos nele nossa morada" (Jo 14,23). Deus vem a essa alma e nela fixa sua mansão, de sorte que não a deixa.

Assim, quando a alma consente no pecado, diz a seu Deus: Senhor, apartai-vos de mim (Jo 31,14). Bem sabe o pecador que Deus não pode harmonizar-se com o pecado. Bem vê que, pecando, obriga Deus a afastar-se dele. E pela mesma porta por onde sai Deus, entra o demônio.

É disto que se queixa o Senhor a Santa Brígida, dizendo: "Sou como um rei banido de seu próprio reino, elegendo-se em meu lugar um péssimo ladrão".

Clama o Senhor à terra e ao céu para que se compadeçam dele à vista da ingratidão com que o tratam os pecadores: "Ouvi, ó céus; tu, ó terra, escuta... Filhos criei e engrandeci... mas eles me desprezaram" (Is 1,2). Em suma, os pecadores afligem com seus pecados o coração do Senhor... (Is 63,10).

Deus não está sujeito à dor, mas — como disse Padre Medina — se fosse suscetível de sofrer, um só pecado mortal bastaria para fazê-lo morrer, pelo infinito pesar que lhe causaria. Assim, pois, afirma São Bernardo: "O pecado, quanto em si é, dá morte a Deus".

ORAÇÃO

Assim, meu Redentor, todas as vezes em que pequei, eu vos expulsei de minha alma e fiz tudo para vos tirar a vida, se pudésseis morrer. Ouço-vos dizer: Que mal te fiz ou em que te contristei para me causares tanto desgosto?...

Destes-me o ser, morrestes por mim: é este o mal que me haveis feito!... Que hei de responder?... Confesso, Senhor, que mereci mil vezes o inferno, e que mui justamente já me poderíeis ter condenado a ele. Lembrai--vos, porém, do amor que vos fez morrer por mim na cruz; lembrai-vos do sangue que por meu amor derramastes, tende compaixão de mim...

Meu Jesus, estou resolvido a apartar-me do pecado; dói-me de todo o coração de vos ter ofendido e vos amo sobre todas as coisas. Entrai, meu amor; a porta está aberta; entrai, e não vos afasteis mais de mim.

Maria, minha Mãe, socorrei-me sempre; rogai por mim a Jesus e alcançai-me a dita de jamais perder a sua graça.

Capítulo XII

A misericórdia de Deus

A misericórdia triunfa sobre o juízo
(Tg 2,13).

A bondade é comunicativa por natureza, isto é, tende a transmitir aos outros os seus bens. Deus, que por sua natureza é a bondade infinita, sente vivo desejo de comunicar-nos sua felicidade e, por isso, propende mais à misericórdia do que ao castigo.

Quando o Senhor castiga nesta vida, é para fazer misericórdia na outra. Se nos manda algum castigo, é porque nos ama e nos quer livrar das penas eternas.

Quem poderá admirar e louvar suficientemente a misericórdia com que Deus trata os pecadores, esperando-os, chamando-os, acolhendo-os quando voltam para Ele?... E antes de tudo, que graça valiosíssima nos concede Deus em esperar pela nossa penitência!...

Deus espera o pecador, a fim de que se arrependa e desse modo lhe perdoe e o salve (Is 30,18).

Ó paciência divina! Disse Santo Agostinho que, se Deus não fosse Deus, pareceria injusto pela sua paciência para com o pe-cador. Disse Santo Tomás que todas as criaturas, o fogo, a água, a terra, o ar, por natural instinto se prestam a castigar o pecador pelas ofensas feitas ao Criador. Mas Deus, pela sua misericórdia, os impede...

Por que toda essa paciência da parte de Deus? Ele revela a razão: "Não tenho prazer na morte do ímpio, mas antes que ele mude de conduta e viva" (Ez 33,11).

Deus Chama o Pecador

Consideremos, além disso, a misericórdia de Deus, quando chama o pecador à penitência... Adão, depois de ter-se rebelado contra Deus, escondeu-se. Mas o Senhor, que tinha perdido Adão, vai à procura dele e, quase a soluçar, o chama: "Onde estás, Adão?..." (Gn 3,9). "Palavras de um pai — diz o Padre Pereira — que procura o filho perdido".

O mesmo tem feito Deus contigo muitas vezes, meu irmão. Fugias de Deus, e Deus te chamava, ora com inspirações, ora com remorsos da consciência, já por meio de prédicas, já com atribulações ou com a morte de teus amigos.

Parece que, falando de ti, Jesus Cristo exclamava: "Meu filho, quase perdi a voz a chamar-te" (Sl 69,4).

Quantas vezes, cristão, te mostraste surdo à voz de Deus? Quando o homem comete um pecado mortal, expele Deus de sua alma. É exatamente o que São Paulo exprimia quando escrevia a seus discípulos: "Rogamo-vos por Cristo, que vos reconcilieis com Deus" (2Cor 5,20).

Belíssima é a reflexão que sobre este texto faz São João Crisóstomo: "O próprio Cristo vos roga. E que vos roga? Que vos reconcilieis com Deus. De sorte que ele não é inimigo vosso, senão vós dele". O Santo faz ver que não é o pecador que se deve esforçar para conseguir que Deus se mova à reconciliação com ele, mas que só lhe é preciso resolver-se a aceitar a amizade divina, porque é ele e não Deus que se nega a fazer a paz.

DEUS RECEBE OS PECADORES COM BONDADE

Os príncipes da terra, às vezes, julgam ser baixeza fitar os vassalos que lhes vêm pedir perdão. Não é assim, porém, que Deus procede conosco. Não, Deus não oculta sua face aos que se convertem. Ao contrário, ele mesmo os convida e promete recebê-los logo que se apresentem... (Jr 3,12).

Oh! Com quanto amor e ternura Deus abraça o pecador que volta para ele! Jesus Cristo claramente no-lo ensina por meio da parábola do Bom Pastor que, falando da ovelha perdida, a põe amorosamente aos ombros e convida seus amigos para que com ele se regozijem.

O mesmo manifestou o Redentor na parábola do Filho Pródigo, quando declarou que ele próprio é aquele pai que, ao ver voltar o filho perdido, lhe corre ao encontro e, antes que lhe fale, o abraça e o cobre de beijos, e nem mesmo com essas ternas carícias pode expressar o consolo que sente.

O Senhor chega até a assegurar que, quando o pecador se arrepende, ele risca da memória as ofensas, como se nunca houvessem existido (Ez 18,27-28).

"Vinde e argui-me; se vossos pecados forem cor de escarlate, tornar-se-ão brancos como a neve" (Is 1,18).

Gloria-se o Senhor de usar de misericórdia, perdoando aos pecadores. Logo que nos arrependemos, Ele nos responde prontamente e logo nos perdoa.

ORAÇÃO

Meu Deus!... Contra quem me atrevi a resistir?... Contra vós, Senhor, que sois a própria bondade, que me criastes e morrestes por mim, que me tendes conservado, apesar de minhas reiteradas infidelidades...

A misericórdia com que me distinguistes seria para mim, ó Deus, um inferno mais intolerável que o próprio inferno. Não, meu Redentor, não permitais que torne a separar-me de vós. Prefiro morrer... Reconheço que vossa misericórdia já não pode suportar minha maldade. Arrependo-me, porém, ó sumo Bem, de vos ter ofendido; amo-vos de todo o coração e proponho consagrar-vos por completo o resto da vida... Ouvi-me, Pai eterno, e pelos merecimentos de Jesus Cristo, concedei-me a santa perseverança e vosso santo amor.

Ó Maria, minha Mãe, volvei a mim vossos olhos misericordiosos e uni-me inteiramente a Deus.

CAPÍTULO XIII

O estado de graça

Não compreende o homem o seu preço
(Jó 28,13).

Diz o Senhor que aquele que sabe distinguir o precioso do vil é semelhante a Deus, que reprova o mal e escolhe o bem (Jr 15,19). Vejamos quão grande é a graça divina e que mal mesmo é a inimizade com Deus.

Os homens não conhecem o valor da graça divina. Por isso a trocam por ninharia, um fumo sutil, um punhado de terra, um deleite irracional. E, todavia, ela é um tesouro de valor infinito, que nos torna dignos da amizade de Deus (Sb 7,14), de modo que a alma no estado de graça é amiga do Senhor.

Os pagãos, privados da luz da fé, julgavam impossível que a criatura pudesse manter relações de amizade com Deus; e, falando segundo o ditame de seu coração, não deixavam de ter razão, pois que a amizade — conforme diz São Jerônimo — torna os amigos iguais. Deus, contudo, declarou repetidas vezes que, por meio de sua graça, podemos tornar-nos seus amigos se observarmos e cumprirmos sua lei (Jo 15,14-15). Exclama São Gregório: "Ó bondade de Deus! Não merecemos sequer ser chamados servos seus, e ele se digna chamar-nos seus amigos".

Aquele, portanto, que está na graça, é amigo do Senhor. Tal é a dita inefável que nos alcançou o divino amor por meio de Jesus Cristo. "Considerai a caridade que nos fez o Pai Eterno, querendo que tenhamos o nome de filhos de Deus e o sejamos" (1Jo 3,1).

Além disso, a alma que está na graça é esposa do Senhor (Os 2,20). Por isso, o pai do filho pródigo, ao acolhê-lo e recebê-lo de novo, deu-lhe o anel, sinal de esponsais.

Ainda mais: essa alma venturosa é templo do Espírito Santo (1Cor 6,19). Soror Maria de Ognes viu sair o demônio do corpo de um menino que estavam batizando e notou que no neocristão ingressava o Espírito Santo, rodeado de anjos.

Vantagens de Viver na Graça de Deus

Disse Santo Tomás de Aquino que o dom da graça excede a todos os dons que uma criatura possa receber, porque a graça é a participação da própria natureza divina. Já antes havia dito São Pedro: "Para que por isso sejais participantes da divina natureza" (2Pd 1,4). Tanta é sua dignidade que Jesus Cristo no-la mereceu por sua Paixão! Ele nos comunicou, de certo modo, o resplendor que recebeu de Deus (Jo 17,22). Deste modo, a alma que está na graça une-se intimamente a Deus e, segundo afirma o Redentor, a Santíssima Trindade vem habitar nela (Jo 14,23).

É tão bela uma alma em estado de graça que o Senhor nela se compraz e a elogia amorosamente: "Como és formosa, minha amiga, como és formosa!" (Ct 4,1). Parece que o Senhor não pode apartar os olhos de uma alma que o ama, nem deixar de dar ouvido a quanto lhe peça (Sl 34,16).

Só aquele que a desfrutou pode compreender quão suave é a paz de que goza, mesmo neste mundo, uma alma que se acha na graça (Sl 34,9). A paz que provém dessa união com Deus excede a quantos prazeres possam oferecer os sentidos e o mundo (Fl 4,7).

Inimizade com Deus

Consideremos agora o estado infeliz de uma alma que cai no desagrado de Deus. Vive separada de seu Sumo Bem, que é Deus (Is 59,2); de sorte que ela já não é de Deus, nem Deus já é seu (Os 1,9).

E não somente não a considera como sua, mas a detesta e a condena ao inferno. O Senhor não detesta nenhuma de suas criaturas, nem as feras, nem os répteis, nem o mais vil dos insetos (Sb 2,25). Entretanto, não pode deixar de aborrecer o pecador, porque, sendo impossível que não odeie o pecado, inimigo absolutamente contrário à sua divina vontade, deve necessariamente aborrecer o pecador que se conserva unido à vontade do pe-cado (Sb 14,9).

Desgraçados pecadores! São amaldiçoados por Deus, amaldiçoados pelos anjos, amaldiçoados pelos santos e ainda amaldiçoados na terra, todos os dias, pelos sacerdotes e religiosos que, ao recitar o ofício divino, proferem a maldição (Sl 119,118-119).

Além disso, o desafeto de Deus traz consigo a perda de todos os merecimentos. Ainda que uma pessoa tivesse merecido tanto como São Francisco Xavier, que conquistou para Deus dez milhões de almas; tanto como São Paulo, que por si só alcançou mais merecimentos que todos os outros apóstolos, se tal pessoa cometesse um só pecado mortal, perderia tudo, tão grande é a ruína que produz a queda no desagrado do Senhor!

De filho de Deus, o pecador converte-se em escravo de Satanás; de amigo predileto torna-se odioso inimigo; de herdeiro da glória, em condenado do inferno. Dizia São Francisco de Sales que, se os anjos pudessem chorar, certamente chorariam de compaixão ao verem a desdita de uma alma que comete um pecado mortal e perde a graça divina.

ORAÇÃO

Vede, Redentor meu, a que estado lamentável me acho reduzido! Graças mil rendo à vossa misericórdia, que ainda me dá tempo de recuperá-la, se, de fato, o quiser.

Arrependo-me, meu Jesus, de todo o coração, de ter ofendido a vossa bondade infinita... Amo-vos sobre todas as coisas. De vós espero a força necessária para vos ser fiel. Acolhei-me em vossa graça, ó meu Salvador, e não permitais que jamais vos abandone.

Maria, minha Mãe, fazei que minha alma arda em amor de Deus, tal como arde a vossa eternamente.

Capítulo XIV

O segredo da vida feliz

Muita paz têm os que amam tua lei
(Sl 119,165).

Nesta vida, todos os homens se esforçam para conseguir a paz. Mas, ó pobres mundanos, que procurais a paz no mundo, que não a pode dar!

Não, não pode o mundo com todos os seus bens satisfazer o coração humano, porque o homem não foi criado para essa espécie de bens, mas unicamente para Deus, de modo que somente em Deus pode encontrar felicidade e repouso.

Aquele rico de que fala São Lucas tinha obtido de seus campos abundantíssima colheita e dizia de si para consigo: "Minha alma, agora possuis bens abundantes, armazenados para muitos anos; descansa, come, bebe..." (Lc 12,19). Mas esse rico infeliz foi chamado louco, e com toda a razão, diz São Basílio. "Desgraçado! — exclama o Santo. — Acaso, te equiparas a um animal e pretendes contentar tua alma com beber e comer e com os deleites sensuais?"

É o que afirma Salomão, que assegura não ter negado nada a seus desejos (Ecl 2,10), e, contudo, exclama: "Vaidade das vaidades, e tudo é vaidade" (Ecl 1,2).

Os pobres pecadores pretendem ser felizes carregados de suas culpas, mas só encontram amarguras e remorsos. Nada de paz, nem de tranquilidade. Deus nos disse: "Não há paz para os ímpios" (Is 48,22). "Que é a alma privada de Deus?... Um mar tempestuoso" — diz o Espírito Santo (Is 57,20).

Se todos os bens e prazeres do mundo não podem satisfazer o coração humano, quem o poderá contentar?... Só Deus (Sl 37,4). Santo Agostinho, enquanto se ateve à vida sensual, jamais gozou de paz; mas, quando passou a entregar-se a Deus, fez esta confissão ao Senhor: "Meu Deus, vejo agora que tudo é dor e vaidade, e que só vós sois a verdadeira paz da alma".

Como sabe Deus, ao contrário, contentar as almas fiéis que o amam! São Francisco de Assis, São Francisco de Bórgia, São Filipe Néri, São Francisco Xavier, Santa Teresa D'Ávila são apenas alguns dos santos e santas que diziam encontrar mais contentamento numa gota celestial de consolação, que em todos os prazeres do mundo.

Que andamos, pois, a procurar tanto? Procuremos a Jesus Cristo, que nos chama e diz: "Vinde a mim todos os que estais carregados e fatigados e eu vos aliviarei" (Mt 11,28). A alma que ama a Deus encontra essa paz que excede todos os prazeres e todas as satisfações que podem vir do mundo e dos sentidos.

É verdade que nesta vida até os santos têm de sofrer, porque a terra é lugar para merecimentos e não se pode merecer sem sofrer. Diz, contudo, São Boaventura, que o amor divino é semelhante ao mel que torna doces e agradáveis as coisas mais amargas.

Quem ama a Deus, ama sua divina vontade, e é por isso que goza espiritualmente nas próprias tribulações, porque sabe que, resignando-se, agrada e compraz ao Senhor... Ó meu Deus! Os pecadores desprezam a vida espiritual sem tê-la experimentado. Veem somente, diz São Bernardo, as mortificações que sofrem os amigos de Deus e os deleites de que se privam; mas não consideram as inefáveis delícias espirituais com que o Senhor nos cumula e acaricia.

"Experimentai e vede — diz Davi — quão suave é o Senhor" (Sl 34,9). Quem não experimentar, não poderá compreender o quanto Deus sabe contentar uma alma que o ama.

ORAÇÃO

Meu amantíssimo Redentor, quanto fui cego ao apartar-me de vós, entregando-me aos pobres e miseráveis prazeres do mundo! Minha cegueira assombra-me; porém mais ainda vossa misericórdia, que com tanta bondade me tem suportado. Aumentai em mim o desejo e o amor... Fazei que, enlevado eu de vós, considere que nada mais tendes a fazer para ser amado por mim e que desejais o meu amor. Se quiserdes, podereis purificar-me (Mt 8,2). Purificai, pois, meu coração, caríssimo Redentor; purificai-o de tantos afetos impuros que me não deixam amar-vos como quisera. Arrependo-me de todas as ofensas que vos fiz e proponho consagrar o restante da minha vida ao vosso santo amor. Vós, porém, o haveis de realizar. Seja para glória da vossa onipotência que meu coração arda doravante em amor por vós!...

Mãe do belo amor! Alcançai que, por meio de vossas súplicas, minha alma se abrase, como a vossa, em caridade para com Deus.

Capítulo XV

A glória de Deus

Vossa tristeza há de converter-se em alegria
(Jo 16,20).

Procuremos sofrer com paciência as aflições da vida presente, oferecendo-as a Deus, em união com as dores que Jesus Cristo sofreu por nosso amor, e alentando-nos com a esperança da glória.

Esses trabalhos, penas, angústias, perseguições e temores hão de acabar um dia e, se nos salvarmos, serão para nós motivos de gozo e alegria inefáveis no reino dos bem-aventurados. É o próprio Senhor que nos anima e consola: "Vossa tristeza há de converter-se em alegria" (Jo 16,20).

Meditemos, portanto, sobre a felicidade da glória... Mas que diremos dessa felicidade, quando nem os santos mais inspirados souberam dar uma ideia acertada das delícias que Deus reserva aos que o amam?...

Davi apenas soube dizer que a glória é o bem infinitamente desejável... (Sl 84,2). E tu, insigne São Paulo, que tiveste a dita de ser arrebatado ao céu, dize-nos alguma coisa ao menos do que viste ali!... "Não — respondeu o grande Apóstolo —, o que vi não é possível exprimir. Tão sublimes são as delícias da glória, que não pode compreendê-las quem não as desfruta" (2Cor 12,4).

"Tudo o que posso dizer é que ninguém nesta terra viu, nem ouviu, nem compreendeu as belezas, as harmonias e os prazeres que Deus preparou para aqueles que o amam" (1Cor 2,9). Neste mundo, não somos capazes de imaginar os bens do céu, porque só formamos ideia do que o mundo nos apresenta...

Se, por maravilha excepcional, um ser irracional fosse dotado de razão e soubesse que um rico senhor ia celebrar esplêndido banquete, imaginaria que o repasto haveria de ser o melhor e o mais seleto, mas semelhante ao que ele usa, porque não poderia conceber nada melhor como alimento. Assim acontece conosco relativamente aos bens da glória...

Que dirá a alma quando entrar naquela mansão felicíssima?... Não existe ali a sucessão de dias e noites, de calor e frio, mas um dia perpétuo sempre sereno, contínua primavera deliciosa e perene. Não há perseguições nem ciúmes, porque nesse reino de amor todos se amam com ternura, e cada um goza da felicidade dos demais como se fosse sua própria.

Desconhecem-se ali angústias e temores, porque a alma confirmada na graça já não pode pecar nem perder a Deus. Todas as coisas ostentam renovada e completa formosura, e todas satisfazem e consolam. Os olhos deslumbrar-se-ão na admiração daquela ci-dade de perfeita beleza. Santa Teresa conseguiu ver, certo dia, apenas uma das mãos do Redentor e ficou maravilhada à vista de tanta beleza... São Francisco de Assis ouviu, certa vez, por breves instantes, a execução dessa harmonia angélica e julgou morrer de dulcíssimo prazer...

Que será, pois, a audição dos coros de anjos e santos que, conjuntamente, cantam as glórias divinas, e a voz puríssima da Virgem Imaculada que louva o seu Deus!... Como o canto do rouxinol num bosque excede e supera ao das demais aves, assim é a voz de Maria no céu... Numa palavra: haverá na glória todas as delícias que se podem desejar.

Mas esses prazeres são apenas os menores bens do céu. O bem essencial da glória é o bem supremo: Deus. A recompensa que o Senhor nos promete não consiste unicamente na beleza, na harmonia e nos encantos daquela cidade bem-aventurada; a recompensa principal é Deus mesmo, é amá-lo e contemplá-lo, face a face (Gn 15,1).

A felicidade de amar a Deus e vê-lo face a face não podemos compreender cabalmente neste mundo. Procuremos, porém, avaliá-la de alguma maneira, considerando que os atrativos do divino amor, mesmo na vida mortal, chegam a arrebatar não somente a alma, mas até o corpo dos santos.

São Filipe Néri foi uma vez arrebatado ao ar juntamente com o banco em que estava sentado. São Pedro de Alcântara elevou-se também sobre a terra abraçado a uma árvore, cujo tronco se separou da raiz.

Que inefável consolação não sente a alma, quando um raio de luz celeste descobre, durante a oração, algo da bondade e da misericórdia divina, do amor que lhe teve e ainda tem Nosso Senhor Jesus Cristo! Parece-lhe que a alma se consome e desfalece de amor. E, no entanto, neste mundo não vemos a Deus tal qual é; divisamo-lo entre sombras (1Cor 13,12).

Presentemente, temos uma venda ante os olhos e Deus se nos oculta sob o véu. Que sucederá, porém, quando desaparecer essa venda e se rasgar aquele véu, e nossos olhos virem quanto Deus é belo, quanto é grande e justo, perfeito, amável e amoroso?

A maior tribulação, que neste mundo aflige as almas que amam a Deus, é o receio de não o amarem e de não serem amadas por ele. No céu, porém, a alma está certa de que se acha venturosamente abismada no amor divino e de que o Senhor a abraça como filha predileta, sem que esse amor jamais possa acabar-se.

Ao contrário, essas chamas se hão de intensificar ainda mais na alma com o conhecimento mais perfeito que terá então do amor que impeliu Jesus a morrer por nós e a instituir o Santíssimo Sacramento, no qual Deus mesmo se dá como alimento ao homem.

Verá a alma distintamente todas as graças que Deus lhe prodigalizou, livrando-a de tantas tentações e perigos de perder-se, e reconhecerá a paciência que Deus teve em esperá-la depois de tê-lo ofendido tanto, e a nímia misericórdia de conceder-lhe não só o perdão, mas ainda cumulá-la de luzes e convites amorosos.

Daquelas alturas venturosas, verá que existem no inferno muitas almas condenadas por culpas menores que as suas e nela aumentará a gratidão por ter-se santificado, por gozar da posse de Deus e jamais perder o Bem soberano e infinito.

O bem-aventurado gozará eternamente dessa felicidade incomparável que a cada instante lhe parecerá nova, como se então começasse a desfrutar dela. Desejará ter sempre essa felicidade e a possuirá sem cessar, sempre desejosa e sempre satisfeita; sempre ávida e sempre saciada. O desejo, no paraíso da glória, não vai acompanhado de temor, nem o gozo engendra nenhum enfado.

Em suma: assim como os réprobos são vasos de ira, assim os eleitos são vasos de júbilo e de felicidade, de sorte que nada lhes resta a desejar. Diz Santa Teresa que, mesmo aqui na terra, quando Deus admite as almas em sua adega, isto é, no seu amor divino, as embriaga de tal felicidade que perdem toda a afeição às coisas terrenas. Mas, no céu, muito mais perfeita e plenamente os eleitos de Deus, segundo diz Davi, serão "embriagados na abundância de sua casa".

Quando as cruzes da vida nos oprimem, esforcemo-nos por suportá-las pacientemente com a esperança do céu. À hora da morte, o abade Zósimo perguntou a Santa Maria Egipcíaca como pudera viver tantos anos no deserto, ao que a Santa respondeu: "Com a esperança na glória". Quando ofereceram a São Filipe Néri a dignidade de cardeal, atirou para longe de si o barrete, exclamando: "O céu, o céu é que eu desejo".

Consideremos que, sendo fiéis a Deus, hão de em breve acabar-se todos esses trabalhos, essas misérias e inquietações, e seremos admitidos à pátria celestial, onde viveremos plenamente felizes, enquanto Deus for Deus.

Ali nos esperam os santos, ali a Virgem Santíssima, ali Jesus Cristo nos prepara a coroa imarcescível do reino da eterna glória.

ORAÇÃO

Meu querido Salvador, vós mesmo me ensinastes a rezar deste modo: Venha o vosso reino! Suplico-vos, pois, Senhor, que venha o vosso reino à minha alma, de maneira que tomeis dela posse completa e que ela vos possua a vós, como Bem sumo e infinito.

Meu Jesus, nada poupastes para salvar--me e para conquistar o meu amor. Salvai-me, pois. Seja minha salvação amar-vos sempre nesta e na vida eterna. Guiai-me e protegei--me para que jamais vos ofenda!...

Ó Maria Santíssima, socorrei-me. Não permitais que me condene e que me veja longe de vós e do vosso divino Filho.

Capítulo XVI

O poder da oração

Pedi e dar-se-vos-á... porque todo aquele que pede receberá (Lc 11,9-10).

Não é só num, mas em muitos lugares do Antigo e do Novo Testamento que Deus promete atender aos que se recomendam a ele. "Clama a mim e ouvir-te-ei" (Jr 33,3). "Se pedirdes alguma coisa em meu nome, vo-la será concedida" (Jo 14,14). "Pedireis o que quiserdes e se vos outorgará" (Jo 15,7).

E assim outros textos semelhantes. Verdade é que a oração é uma, diz Teodoreto; mas ela nos pode alcançar tudo, pois, segundo afirma São Bernardo, o Senhor nos dá ou a graça que pedirmos, ou outra que julga ser-nos mais útil.

Por essa razão, o Profeta incita-nos a rezar, afiançando-nos que Deus é todo misericórdia para aqueles que o invocam e recorrem a ele (Sl 86,5). Com mais eficácia, exorta-nos o apóstolo São Tiago, dizendo que, quando rogamos a Deus, este nos concede mais do que se lhe pede, sem se vingar das ofensas que lhe causamos (Tg 1,5). Ao ouvir nossas orações, parece esquecer nossas culpas.

Diz São João Clímaco que a oração comove de algum modo a Deus e o obriga a conceder-nos o que lhe pedimos. Segundo Santo Agostinho, maiores desejos tem Deus de prodigalizar-nos os seus bens do que nós de recebê-los, porque Deus, por sua natureza, é a bondade infinita, e se compraz sempre em comunicar-nos os seus bens.

Santa Maria Madalena de Pazzi disse que Deus contrai, de certo modo, obrigações com a alma que o implora, porque ela mesma oferece oportunidade ao Senhor de satisfazer o seu desejo de conceder-nos suas graças e seus favores.

Adverte São Bernardo que muitos se queixam de que Deus não lhes é propício; com maior razão se lamenta o Senhor de que muitos o ofendem e deixam de recorrer a ele para lhe pedir graças. Nosso Redentor disse, por isso, a seus discípulos: "Até agora nada pedistes em meu nome. Pedi e recebereis, a fim de que vosso gozo seja completo" (Jo 16,24).

Os antigos monges afirmaram que não há exercício mais proveitoso para alcançar a salvação do que a oração contínua, dizendo: "Auxiliai-me, Senhor!" O venerável Paul Segneri, referindo-se a si mesmo, disse que costumava, em suas meditações, entregar-se largamente a afetos piedosos, mas que, depois, persuadido da grande eficácia da oração, procurava dedicar a ela a maior parte do tempo... Façamos nós também o mesmo.

Necessidade da Oração

Consideramos, além disso, a necessidade da oração. Afirma São João Crisóstomo que, assim como o corpo sem alma está morto, assim quem não reza se acha sem vida. Acrescenta ainda que tanto necessitam as plantas de água para não murcharem como nós da oração para não nos perdermos.

Deus quer que nos salvemos todos e que ninguém se perca (1Tm 2,4). Quer, porém, que lhe peçamos as graças necessárias para nossa salvação, porque, de um lado, não podemos cumprir os preceitos divinos e salvar-nos sem o auxílio atual do Senhor e, de outro lado, Deus não nos quer dar, ordinariamente falando, essas graças, se lhes não pedirmos. Por esta razão, disse o santo Concílio de Trento que Deus não impõe preceitos impossíveis, porque ou dá-nos a graça próxima e atual necessária para cumpri-los, ou dá-nos a graça de pedir-lhe essa graça atual. Ensina-nos Santo Agostinho que Deus, exceto as primeiras graças, tais como a vocação para a fé, ou a penitência, todas as demais e especialmente a perseverança, concede unicamente àqueles que as pedem. Inferem daqui os teólogos de todos os tempos que a oração é necessária para os adultos, como "necessidade de meio". Portanto, sem rezar não é possível salvar-se.

Os testemunhos da Sagrada Escritura são concludentes e numerosos: "É preciso orar sempre. Orai, para não cairdes em tentação. Pedi e recebereis. Orai sem cessar".

As citadas palavras "é preciso, orai, pedi", segundo a opinião geral dos teólogos como a do angélico Santo Tomás, têm força de preceito, o qual obriga sob pena de pecado grave, especialmente em dois casos: 1º) quando o homem está em pecado; 2º) quando está em perigo de pecar. Acrescentam ainda ordinariamente os teólogos que aquele que deixa de rezar pelo espaço de um mês ou mais tempo não está livre de pecado mortal. Como vimos acima, toda essa doutrina se baseia em que a oração é um meio sem o qual não é possível obter os socorros necessários para salvar-nos.

Resumindo o que ficou exposto, conclui-se que se salva aquele que reza e que se condena na certa aquele que não reza. Todos quantos se salvaram, conseguiram-no por meio da oração. Todos quantos se condenaram, condenaram-se porque não rezaram. E a consideração de que, por meio da oração, teriam podido salvar-se facilmente e que já não é tempo de remediar o mal, aumentar-lhe-á seu desespero no inferno.

Como Devemos Rezar?

Consideremos, finalmente, as condições da oração bem-feita. Muitas pessoas rezam e não alcançam nada, porque não pedem como convém (Tg 4,3).

Para bem rezar é preciso, primeiro que tudo, humildade. "Deus resiste aos soberbos, mas aos humildes dá sua graça" (Tg 4,6). Deus não ouve as petições do soberbo, mas nunca despreza a súplica dos humildes (Ecl 35,21); ainda que anteriormente tenham sido pecadores, "não desprezarás, Senhor, um coração contrito e humilhado".

Em segundo lugar, é necessária a confiança. "Ninguém esperou no Senhor e foi confundido" (Ecl 2,10). Ensinou-nos Jesus Cristo que, ao pedirmos a Deus alguma graça, lhe demos o vocativo de "Pai nosso", a fim de que lhe roguemos com aquela confiança que um filho tem ao recorrer ao seu próprio pai. Quem reza com confiança, tudo obtém. Para todas as coisas que pedirdes na oração, tende viva fé de consegui-las e vo-las serão concedidas (Mc 11,24).

Deus não é como os homens que, às vezes, deixam de cumprir o que prometem ou porque mentiram quando prometeram, ou porque mudaram depois de vontade. Se o Senhor — acrescenta Santo Agostinho — não quisesse conceder-nos as suas graças, para que nos havia de exortar continuamente a pedir-lhes? Prometendo, contraiu a obrigação de nos conceder as graças que lhe suplicarmos.

"Todo aquele que pede, recebe" (Lc 11,10). O próprio Redentor nos tirou todo o temor e desvaneceu toda dúvida, dizendo: "Em verdade, em verdade vos digo que o Pai vos dará tudo o que pedirdes em meu nome" (Jo 16,23).

É preciso observar, entretanto, que tal promessa não se refere às dádivas temporais, como saúde, fortuna e outros, porque o Senhor, muitas vezes, nos nega estes bens, prevendo que iriam de encontro à nossa salvação. O médico conhece melhor que o doente o que lhe é proveitoso, diz Santo Agostinho; e acrescenta que Deus recusa a alguns, por misericórdia, o que a outros concede sob a condição de serem convenientes ao bem da alma.

É necessária, sobretudo, a perseverança. Disse Cornélio a Lápide que o Senhor "quer que perseveremos na oração até que sejamos importunos" (Lc 11); o que a Sagrada Escritura exprime com os textos seguintes: "É preciso orar sempre". "Vigiai, pois, orando sem cessar" (Lc 18,1; 21,36; 1Ts 5,17). Bastava dizer: pedi, mas o Senhor quis demonstrar-nos que devemos proceder como os mendigos, que não cessam de pedir, de insistir e de bater à porta, até que, por fim, recebam a esmola.

A perseverança final é especialmente uma graça que não se alcança sem oração contínua. Por nós mesmos, não podemos merecer essa graça, mas por meio da oração, disse Santo Agostinho, de algum modo a merecemos. Rezemos sempre, e não cessemos de rezar, se nos quisermos salvar. E recorramos sempre à intercessão de Maria Santíssima que tudo alcança e que não pode enganar-se.

ORAÇÃO

Espero, Senhor, que já me tenhais perdoado; entretanto, os meus inimigos não deixarão de combater-me até à hora da morte. Se não me valerdes, tornarei a perder-me. Pelos merecimentos de Cristo, peço-vos a santa perseverança. Não permitais que me aparte de vós. E o mesmo favor vos peço para todos os que estão na vossa graça. Confiado em vossa promessa, estou certo de que me concedereis a perseverança, se continuar a vo-lo pedir. E vós, Maria, nossa Mãe, alcan-çai-me que, nos perigos de perder a Deus, recorra sempre a vós e a vosso divino Filho.

Capítulo XVII

Perseverança = Necessidade

*Aquele que perseverar até o fim,
este será salvo* (Mt 24,13).

Disse São Jerônimo que muitos começam bem, mas poucos são os que perseveram. Um Saul, um Judas, um Tertuliano, começaram bem, mas acabaram mal, porque não perseveraram como deviam. "Nos cristãos não se procura o princípio, mas o fim", diz São Boaventura. É por isso que São Lourenço Justiniano chama a perseverança de "porta do céu". Quem não der com essa porta, não poderá entrar na glória.

Tu, meu irmão, que abandonaste o pecado e esperas, com razão, que tenham sido perdoadas as tuas culpas, gozas da amizade de Deus; todavia ainda não estás salvo, nem o estarás enquanto não tiveres perseverado até ao fim (Mt 10,22).

Começaste bem e santamente a vida. Agradece mil vezes a Deus; mas adverte que, segundo disse São Bernardo, não é ao que começa que se oferece o prêmio, mas sim, unicamente, ao que persevera. Não basta correr no estádio; mas impende prosseguir até alcançar a coroa, conforme a expressão do apóstolo (1Cor 9,24).

Lançaste mão do arado: principiaste a viver bem; portanto, agora mais do que nunca, deves recear e tremer... (Fl 2,12).

Por quê?... Porque, se retrocederes e tornares a trilhar o mau caminho, Deus te excluirá do prêmio da glória (Lc 9,62).

Por conseguinte, evita, fortalecido pela graça de Deus, as ocasiões más e perigosas, frequenta os sacramentos, faze a cada dia meditação. Serás feliz se assim continuares até que Nosso Senhor Jesus Cristo venha julgar-te. Não esperes, no entanto, que, por teres resolvido servir a Deus, cessem as tentações e não voltem a combater-te.

Considera o que diz o Espírito Santo: "Filho, quando chegas ao serviço de Deus, prepara a tua alma para a tentação" (Eclo 2,1). Atende que, então, mais que nunca, deves estar prevenido para o combate, porque nossos inimigos, o mundo, o demônio e a carne, se armarão para te atacar e fazer-te perder tudo o que tiveres conquistado.

Esta verdade se exprime claramente no evangelho de São Lucas, onde diz: "Quando o espírito imundo foi expulso de uma alma, anda por lugares áridos procurando repouso e, não o encontrando, diz: 'Tornarei à minha casa donde saí'... Então vai e leva consigo outros sete espíritos piores do que ele, entram na alma e moram ali. E as últimas coisas deste homem serão piores que as primeiras" (Lc 11,24-26).

Considera, pois, quais as armas que vais empregar para defender-te desses inimigos e conservar a graça de Deus. Para não seres vencido pelo demônio, não há arma mais eficiente do que a oração. Disse São Paulo que não temos de combater contra os homens de carne e osso como nós, mas contra príncipes e potestades do inferno (Ef 6,12).

Carecemos de forças especiais para resistir a tamanho poder e, por conseguinte, necessitamos do socorro de Deus. Com a assistência divina, podemos tudo (Fl 4,13).

Não nos fiemos em nossos propósitos, que estaremos perdidos. Toda a nossa confiança, quando o demônio nos tentar, temos de depositar no auxílio divino, recomendando-nos a Jesus e a Maria Santíssima. Mui especialmente, devemos fazer isso nas tentações contra a castidade, porque são as mais temíveis e as que oferecem ao demônio mais frequentes vitórias.

Por nós mesmos, não dispomos de forças para conservar a castidade. É preciso que Deus no-las dê. Impende, pois, em tais tentações, recorrer logo a Jesus Cristo e à sua santa Mãe Maria. Quem assim fizer, vencerá; o que fizer o contrário, será vencido.

Conquistar o Mundo

Vejamos agora como se deve vencer o mundo. O demônio é um inimigo terrível, mas o mundo é pior ainda. Se o demônio não se servisse dele, isto é, dos homens maus, que compõem o que vulgarmente se entende por mundo, não conseguiria as vitórias que obtém. Aqueles são frequentemente piores do que estes, porque os demônios fogem diante da oração e da invocação dos nomes de Jesus e de Maria, mas os maus amigos, quando tentam arrastar alguém ao pecado e se este lhes responde com palavras edificantes e cristãs, longe de fugirem e de se recolherem, cada vez mais perseguem o coitado que lhes cai nas mãos, ridicularizando-o, chamando-o de néscio, covarde e destituído de caráter; e, quando outra coisa não conseguem, tratam-no de hipócrita, que quer fingir santidade.

Fica persuadido, portanto, meu irmão, de que serás menosprezado e exposto à zombaria dos maus e dos ímpios, se quiseres viver piedosamente (Pr 29,27). O que vive mal não pode tolerar os que vivem bem, porque a vida destes é para ele uma contínua repreensão e, por isso, deseja que todos lhe sigam o exemplo, a fim de atenuar o espicaçar do remorso causado pelo procedimento cristão dos demais.

Todos os Santos sofreram rudes perseguições. Quem foi mais santo que Jesus Cristo? E, no entanto, o mundo o perseguiu até dar-lhe afrontosa morte de cruz.

Isto não é surpresa, porque as máximas do mundo são inteiramente contrárias às de Jesus Cristo. Ao que o mundo estima, chama Jesus Cristo loucura (1Cor 3,19). Por sua parte, o mundo trata de demência ao que é estimado por Nosso Senhor (1Cor 1,18).

Consolemo-nos, todavia, que, se os maus nos censuram e amaldiçoam, Deus nos louva e exalta (Sl 28). Já não nos basta sermos louvados por Deus, por Maria Santíssima, pelos anjos, pelos santos e por todas as pessoas de bem? Quanto maiores forem os obstáculos e as contradições que encontrarmos na prática do bem, tanto mais acendrada será a complacência do Senhor e tanto maior o nosso mérito. Nunca nos cause rubor o sermos e parecermos cristãos, porque, se corássemos diante de Cristo, ele se envergonharia de nós, segundo afirmou, e não nos receberia à sua direita no dia do juízo (Lc 9,26).

Se nos quisermos salvar, é mister que estejamos firmemente resolvidos a sofrer e a empregar constantemente violência sobre nós mesmos. O reino dos céus se alcança à viva força e só os que a empregam é que o arrebatam. Isto é imprescindível, porque, se quisermos praticar o bem, teremos de lutar contra a nossa natureza rebelde. É particularmente necessário nos violentarmos no princípio para extirpar os maus hábitos e adquirir os bons. Formado o bom costume, torna-se fácil e até doce a observância da lei divina. O Senhor disse a Santa Brígida que, na prática das virtudes, os espinhos se mudam em rosas, quando, com valor e paciência, sofremos as primeiras dores desses espinhos.

LUTANDO CONTRA A CARNE

Consideremos o terceiro inimigo, a carne, que é o pior de todos, e vejamos como deveremos combatê-lo.

Em primeiro lugar, por meio da oração, conforme já vimos acima. Em segundo lugar, evitando as ocasiões como iremos ver e ponderar atentamente.

Disse São Bernardino de Sena que o conselho mais excelente consiste em evitar sempre as ocasiões de pecado. Constrangido pelos exorcismos, confessou certa vez o demônio que, entre todos os sermões, o que mais detesta é aquele em que se exortam os fiéis a fugir das más ocasiões.

E com efeito, o demônio ri de todas as promessas e propósitos que formule o pecador arrependido, se este não evitar tais ocasiões. Em matéria de prazeres sensuais, a ocasião é como uma venda posta diante dos olhos e que não permite ver nem propósitos, nem instruções, nem verdades eternas; numa palavra, cega o homem e o faz esquecer-se de tudo.

Mas o imprudente "o viu, o tomou e comeu". Começou a admirar a maçã, colheu-a depois com a mão, até que por fim comeu dela. Quem voluntariamente se expõe ao perigo, nele perecerá (Eclo 3,26).

O Senhor ordenou a Isaías que pregasse que toda a carne não é mais que feno (Is 40,6). Comentando esse texto, disse São João Crisóstomo: "É possível que o feno deixe de arder, quando se lhe deita o fogo?" Com efeito, acrescenta São Cipriano: "É impossível ficar numa fogueira e não se queimar". Não é menor a loucura daquele que pretende expor-se às ocasiões e não cair em falta.

Aquele, portanto, que deseja escapar de tais ardis, deve evitar, desde o princípio, todas as ocasiões perigosas, relações, cumprimentos, obsequiosidades e outras semelhantes; e, sobretudo, aquele que já teve o hábito da impureza não se limite a evitar as ocasiões próximas, pois, se não fugir também das remotas, cairá de novo.

Disse São Francisco de Assis que o demônio tenta as pessoas espirituais, que se dão a Deus, de modo mui diferente do que costuma tentar as de má vida. A princípio não as prende com uma corda, mas com um cabelo; depois, com um fio; a seguir, com um barbante e, por fim, com uma corda grossa, que as arrasta ao pecado.

Quem quiser verdadeiramente salvar-se, terá de robustecer e renovar com muita frequência a resolução de nunca mais se separar de Deus, repetindo muitas vezes aquela máxima dos santos: "Antes perder tudo que perder a Deus". Não basta, porém, a resolução de não perder a Deus, se não empregamos os meios estabelecidos para a conservação desse bem supremo.

Aquele que não perder de vista as verdades eternas, a morte, o juízo, a eternidade, não cairá no pecado. Deus nos ilumina na meditação e nos fala interiormente, ensinando-nos o que devemos praticar e o que temos a evitar. A meditação assemelha-se a uma fogueira benfazeja, na qual nos inflamamos de amor divino. Enfim, como já temos considerado, para conservar-nos na graça de Deus, é absolutamente necessário rezar sempre e pedir as graças de que temos mister. Quem não pratica a oração mental, dificilmente reza; e não rezando se perderá certamente.

ORAÇÃO

Meu amantíssimo Redentor, agradeço--vos as luzes com que me iluminais e os meios que me ofereceis para salvar-me. Prometo empregá-los com diligência. Dai-me vosso auxílio para vos ser fiel. Desejais que me salve e eu também o desejo principalmente para agradar ao vosso Coração amantíssimo, que tanto deseja a minha felicidade. Concluí, meu Deus, a obra que começastes (Sl 67,26). *Dai-me luzes, força e amor...*

Maria Santíssima, admiti-me, como o desejo, por vosso servo, e rogai a Jesus por mim.

Capítulo XVIII

A confiança na proteção de Maria Santíssima

Quem me encontrar, encontrará a vida e alcançará do Senhor a salvação (Pr 8,35).

Quantas graças devemos render à misericórdia divina, por ter-nos dado como advogada a Virgem Maria, cujas súplicas podem alcançar-nos todas as mercês que desejamos!... Pecadores, meus irmãos, mesmo que nos acharmos já condenados ao inferno em vista das nossas iniquidades, não nos desesperemos, entretanto. Recorramos a essa divina Mãe, abriguemo-nos debaixo do seu manto, e ela nos salvará. Ela apenas exige de nós a resolução de mudar de vida. Tomemo-la, pois; confiemos verdadeiramente em Maria Santíssima, e ela nos alcançará a salvação... Porque Maria é advogada piedosíssima, advogada que a todos nós deseja salvar.

Consideremos, primeiramente, que Maria é advogada poderosa, que tudo pode junto ao soberano Juiz, em proveito e benefício daqueles que devotamente a servem... A bem-aventurada Virgem nos obtém de Deus quanto lhe pedirmos com firme vontade, e como rainha ordena aos anjos que iluminem, aperfeiçoem e purifiquem os seus devotos. À vista disto, a Igreja, querendo inspirar-nos confiança nessa nossa grande advogada, induz-nos a invocá-la com o título de Virgem poderosa.

Por que é tão eficaz a proteção de Maria Santíssima? Porque é a Mãe de Deus. As petições da Virgem Maria, sendo como é Mãe do Senhor, são em certo modo ordens para Jesus Cristo; assim não é possível que, quando peça, não alcance o que pede.

São Teófilo, bispo de Alexandria, escreve estas palavras: "Deseja o Filho que sua Mãe lhe peça, porque quer outorgar-lhe quanto peça, a fim de lhe recompensar assim o favor que dela recebeu".

Do mesmo modo, Cosme de Jerusalém repete que o auxílio de Maria é onipotente, e o confirma Ricardo de São Lourenço, observando quão justo é que a Mãe participe do poder do Filho, e que, sendo este onipotente, comunique à sua Mãe a onipotência.

Santa Brígida ouviu Jesus dizer à sua bendita Mãe que lhe pedisse quanto quisesse e que, quaisquer que fossem suas súplicas, nunca rogaria em vão. O próprio Senhor foi quem deu o motivo desse privilégio, dizendo: "Já que nada me recusaste quando vivias na terra, justo é que eu nada te recuse agora que estás comigo no céu".

Em suma: não há ninguém, por mais malvado que seja, que Maria não possa salvar por meio de sua intercessão... "Vós, Senhora, podeis tudo — diz também São Pedro Damião —, podeis até salvar os desesperados".

"Rogai, pois, por mim — direi com São Bernardo —, porque vosso divino Filho vos escuta e vos concede quanto lhe pedirdes. Sou indigno também da vossa proteção, mas sei que nunca desamparais aquele que em vós deposita a sua esperança. Ó Maria, rogai por mim e, pelo vosso amor, transformai-me de pecador em santo".

A Misericórdia de Maria

Maria é advogada tão *clemente* quanto poderosa e não sabe negar sua proteção a quem recorre a ela. Afigurava-se a São Boaventura, quando contemplava a Virgem, que estava vendo a própria misericórdia.

É por isso que Maria é chamada formosa como a oliveira (Ecl 24,14); pois assim como a oliveira produz azeite suave, símbolo da piedade, assim da Virgem Santíssima promanam graças e misericórdias para todos aqueles que se refugiam na sua proteção.

Qual não será a mágoa do cristão que se condena, quando pensar que tão facilmente se podia ter salvado, recorrendo a esta Mãe de misericórdia, e que não o fez, nem haverá já tempo para remediá-lo!

A bem-aventurada Virgem disse a Santa Brígida: "Eu sou chamada Mãe de misericórdia e, na verdade, o sou, porque assim o quis a bondade de Deus"... Temermos, acaso, diz São Boaventura, que Maria nos negue o socorro que lhe pedimos?... Não; Maria não sabe nem soube jamais olhar sem compaixão, nem deixar sem socorro aos desgraçados que recorrem a ela. Não sabe, nem pode, porque foi destinada por Deus para ser a Rainha e Mãe de misericórdia, e como tal lhe incumbe velar pelos necessitados.

São Basílio a chama casa de saúde, porque assim como nos hospitais de enfermos pobres os mais necessitados têm mais direito de serem recebidos, assim Maria, como disse aquele santo, há de acolher e abrigar com piedade solícita e amorosa os maiores pecadores que a ela recorrerem.

Santa Brígida ouviu o divino Salvador dizer à Virgem: "Até do próprio demônio terias compaixão se te pedisse com humildade". Com essas palavras, Nosso Senhor deu-nos a entender o mesmo que sua querida Mãe disse à Santa, isto é, que quando um pecador, por vultosas que sejam suas culpas, se lhe recomenda sinceramente, ela não procura saber os pecados que o acabrunham, mas sim a intenção que o move; e se vem com boa vontade de emendar-se, acolhe-o logo e o cura de todos os males que o afligem.

Maria Deseja a Salvação de Todos

Maria Santíssima é advogada tão caridosa que não somente auxilia aos que recorrem a ela, mas vai procurando por si mesma os desgraçados para os defender e salvar.

"A todos nos chama, justos e pecadores", exclama o devoto Pelbardo. Anda o demônio ao redor de nós, procurando a quem devorar, diz São Pedro (1Pd 5,8). Mas esta divina Mãe vai procurando sempre a quem possa salvar.

121

Ela ajuda certamente aos que se lhe recomendam e a ninguém desampara. "Mas isto não basta para satisfazer o coração terníssimo de Maria — disse Ricardo de São Vítor —, ela antecipa-nos as súplicas e serve os nossos interesses, ainda antes de lhe pedirmos".

E é tão misericordiosa que, onde vê misérias, acode logo, e não pode ver ninguém necessitado sem socorrer. Assim procedia na sua vida mortal, como bem se depreende do que sucedeu nas bodas de Caná, na Galileia, quando faltou vinho, e ela, sem ser rogada por ninguém, vendo a aflição em que se achavam os jovens esposos, suplicou ao divino Filho que lhes poupasse aquele desgosto, dizendo: "Não têm vinho" (Jo 2,3), alcançando assim do Senhor que, milagrosamente, transformasse água em vinho.

Se a compaixão de Maria para com os aflitos era tão grande enquanto residia na terra, o seu desejo de nos socorrer — diz São Boaventura — é decerto maior agora que reside no céu, de onde vê melhor as nossas misérias e melhor se pode compadecer de nós. E se Maria, sem ser rogada, mostrou-se tão solícita em socorrer-nos, quanto mais atenderá aos que lhe dirigem os seus rogos!...

Recorramos, pois, a esta excelsa Mãe, e digamos-lhe com São Boaventura. Ó Mãe de Deus, Maria Santíssima, porque em vós pus minha esperança, espero que não serei condenado.

ORAÇÃO

Ó excelsa Mãe de Deus, porque rogais por todos, orai também por mim. Dizei a vosso Filho que sou vosso servo e que me protegeis. Dizei-lhe que em vós pus minhas esperanças. Dizei-lhe que me perdoe, porque me arrependo de todas as ofensas que lhe fiz. Ó Maria, minha esperança e meu consolo!

Eis que aqui a vossos pés, um miserável pecador que deixou perder voluntariamente, não uma, mas muitas vezes, a divina graça que vosso Filho lhe conquistou com sua morte. Com a alma cheia de feridas, recorro a vós. Não me desprezeis ao ver o estado em que me acho; antes olhai-me com maior compaixão e apressai-vos a socorrer-me. Não cesseis de rogar, a fim de que por vossa intercessão e em virtude dos merecimentos de Jesus Cristo alcance a salvação. Não deixeis de socorrer-me, sobretudo quando me virdes em perigo de perder novamente a graça do Senhor. Ó Maria, tende compaixão de mim! Amém.

Capítulo XIX

O amor infinito de Deus

Amemos nós a Deus, porque Deus nos amou primeiro (1Jo 4,19).

Considera, antes de tudo, que Deus merece o teu amor, porque ele te amou antes de ser amado por ti, e, de todos quantos te hão amado, é o primeiro (Jr 31,3).

Os primeiros que te amaram neste mundo foram teus pais, mas só te amaram depois que te conheceram. Mas Deus já te amava antes de existires. Mesmo antes da criação do mundo, Deus já te amava. E quanto tempo antes de ter criado o mundo começou a te amar?... Talvez mil anos, mil séculos?... Mas não computemos anos nem séculos. Deus te amou desde toda a eternidade (Jr 31,3).

Enfim: desde que Deus é Deus, sempre te tem amado; desde que se amou a si mesmo, também amou a ti. Com razão, dizia a virgem Santa Inês: "Outro amante me cativou primeiro". Quando o mundo e as criaturas requestaram o seu amor, ela respondia: Não, não vos posso amar. Meu Deus foi o primeiro a amar-me, e é justo, portanto, que só a ele consagre todo o meu amor.

Assim, meu irmão, Deus te tem amado desde toda a eternidade; e só por amor te escolheu entre tantos homens que podia criar, deu-te a existência, colocou-te no mundo e, além disso, tirou do nada inumeráveis e formosas criaturas que te servem e te lembram esse amor que ele te dedica e que tu lhe deves.

"O céu, a terra e todas as criaturas, dizia Santo Agostinho, convidam-me a amar-vos". Quando este santo contemplava o sol, a lua, as estrelas, os montes e os rios, parecia-lhe que tudo falava, dizendo: Ama a Deus, que nos criou para ti, a fim de que o ames.

Padre Rancé, fundador dos monges Trapistas, não via os campos, as fontes e os mares sem se recordar, por meio dessas coisas criadas, do amor que Deus lhe tinha. Também Santa Teresa disse que as criaturas lhe repreendiam a sua ingratidão para com Deus. E Santa Margarida de Pazzi, ao contemplar a formosura de alguma flor ou de um fruto, sentia o coração traspassado pelas flechas do amor divino e exclamava: "O Senhor, desde toda a eternidade, pensou em criar estas flores, a fim de que o ame!"

Considera, além disso, o particular amor de Deus, fazendo-te nascer num país cristão e no seio da santa Igreja. Quantos vêm ao mundo entre idólatras, judeus, maometanos e heréticos, e por isso se perdem!... Poucos são relativamente os homens que têm a felicidade de nascer onde reina a verdadeira fé, e o Senhor te pôs entre eles...

Oh! Quão sublime é o dom da fé! Quantos milhões de almas se veem privadas dos sacramentos, das prédicas, dos bons exemplos de homens santos!

E Deus quis conceder-te todos esses grandes recursos sem nenhum merecimento de tua parte, ou, para melhor dizer, prevendo os teus desmerecimentos. Ao pensar em criar-te e dar-te essas graças, já previa as ofensas que lhe havias de fazer.

Deus Entregou-se a Nós

Deus não se limitou a dar-nos todas essas formosas criaturas do universo, mas não viu satisfeito o seu amor enquanto não veio a dar a si próprio por nós (Ef 5,2). O maldito pecado nos fez perder a graça divina e o céu, tornando-nos escravos do demônio. Mas o Filho de Deus, com espanto do céu e da terra, quis vir a este mundo, fazer-se homem para remir-nos da morte eterna e reconquistar-nos a graça e o paraíso perdido. Que maravilha seria ver um poderoso monarca tomar a forma e a natureza de um verme por amor aos homens. "Humilhou-se a si mesmo, tomando a forma de servo... e reduzindo-se à condição de homem..." (Fl 2,7).

Um Deus revestido de carne mortal! "E o Verbo se fez carne" (Jo 1,14). Mas o prodígio ainda aumenta, quando se considera o que fez e sofreu depois por nosso amor esse Filho de Deus. Para nos remir, era bastante uma só gota de seu sangue preciosíssimo, uma só lágrima, uma só súplica, porque esta oração, sendo um ato de pessoa divina, teria infinito valor e era suficiente para resgatar não só um mundo, mas uma infinidade de mundos que houvesse. Observa, entretanto, São João Crisóstomo que aquilo que bastava para resgatar-nos, não era bastante para satisfazer o imenso amor que Deus nos tinha. Não queria unicamente salvar-nos, mas que muito o amássemos, porque ele muito nos amava. Escolheu vida de trabalhos e de humilhações e a morte mais amargurada entre todas as mortes, a fim de nos fazer compreender o infinito e ardentíssimo amor em que ardia por nós. "Humilhou-se a si mesmo, fez-se obediente até à morte e morte de cruz" (Fl 2,8).

Ó excesso de amor divino que nunca os anjos nem os homens chegarão a compreender! "Excesso de dor, excesso de amor", disse São Boaventura. Se o Redentor não tivesse sido Deus, mas simplesmente um parente ou amigo, que maior prova de afeto nos poderia dar do que morrer por nós? "Ninguém tem amor em maior grau do que ele, porque dá a vida por seus amigos" (Jo 15,13).

Se Jesus Cristo tivesse de salvar seu próprio Pai, que mais poderia ter feito por amor a ele? Se tu, meu irmão, fosses Deus e Criador de Jesus Cristo, que mais poderia fazer por ti além de sacrificar tua vida num abismo de humilhações e de dores? Se o mais vil dos homens deste mundo tivesse feito por ti o que fez o Redentor, poderias viver sem o amar?

Antes da Encarnação o homem, talvez, poderia pôr em dúvida que Deus o amasse ternamente, mas, depois da Encarnação e morte de Jesus Cristo, quem pode duvidá-lo? Que prova mais evidente e terna podia dar-nos do seu amor que sacrificar a sua vida por nós?

A Paixão de Jesus Mostra o Amor de Deus

Aumentará em nós a admiração, se considerarmos o desejo veementíssimo que tinha Nosso Senhor Jesus Cristo de sofrer e morrer por nós. "Hei de ser batizado com o batismo do meu próprio sangue e sinto-me morrer no desejo de ver chegar a hora da minha paixão e morte, a fim de que o homem reconheça o amor que lhe tenho" (Lc 12,50).

Assim dizia o Filho de Deus em sua vida terrena. O mesmo sentimento lhe fez ainda dizer na noite que precedeu a sua dolorosa paixão: "Desejei ardentemente celebrar esta Páscoa convosco" (Lc 22,15). Parece, pois, diz São Basílio de Seleucia, que nosso Deus tem amor insaciável pelos homens.

Como é possível que a alma que considera um Deus morto por amor a ela e com tão grande desejo de morrer para lhe demonstrar o seu afeto viva sem o amar?... São Paulo diz que não é tanto o que Jesus Cristo fez e sofreu, como o amor que nos testemunhou sofrendo por nós, que nos obriga e quase nos força a que o amemos (2Cor 5,14). À consideração deste sublime mistério, São Lourenço Justiniano exclamava: "Vimos um Deus enlouquecido de amor por nós".

E, na verdade, se a fé não o afirmasse, quem é que poderia crer que o Criador quis morrer pelas suas criaturas?... Santa Madalena de Pazzi, num dos seus êxtases, tendo nas mãos uma imagem do Crucificado, chamava Jesus louco de amor.

O mesmo diziam os gentios, quando ouviam pregar a morte de Cristo, que lhes parecia incrível loucura, segundo nos atesta o Apóstolo: "Pregamos o Cristo crucificado, escândalo para os judeus, necessidade para os gentios" (1Cor 1,23).

Como é possível, diziam eles, que um Deus perfeitamente feliz em si mesmo e que nada necessita, desça à terra para fazer-se homem e morrer por amor dos homens, suas criaturas? Equivaleria a crer que Deus enlouqueceu por amor dos homens. É, contudo, de fé que Jesus Cristo, verdadeiro Filho de Deus, entregou-se à morte, por nosso amor. "Amou--nos e ele mesmo se entregou por nós (Ef 5,2).

E qual a razão desse sacrifício? Fê-lo a fim de que não vivêssemos para o mundo, mas para esse bom Senhor que quis morrer por nós (2Cor 5,15).

Fê-lo com o fim de ganhar, pela manifestação do seu amor, todos os afetos dos nossos corações.

Assim os Santos, ao considerarem a morte de Cristo, tiveram em pouca conta o dar a vida e sacrificar tudo pelo amor de seu amantíssimo Jesus. Quantos ilustres personagens, quantos príncipes abandonaram riquezas, famílias, pátria e até coroas, para se encerrarem nos claustros e viverem no amor de Deus! Quantos mártires lhe sacrificaram a vida! Quantas virgens, renunciando às bodas deste mundo, correram alegres para a morte, a fim de assim poderem corresponder ao afeto de um Deus, morto por seu amor!...

E tu, meu irmão, que tens feito até agora por amor de Cristo?... Assim como o Senhor morreu pelos santos, por um São Lourenço, por uma Santa Luzia, por uma Santa Inês... também morreu por ti...

Que pensas ao menos fazer no resto da vida, o que Deus te concede para que o ames? Lança repetidas vezes os olhos sobre a imagem do Crucificado, contemplando-o! Lembra-te do amor que lhe deves e dize em teu interior: "Meu Deus, foi por mim que quisestes morrer?" Faze ao menos isto; faze-o frequentemente, e assim te sentirás docemente constrangido a amar a Deus, que tanto te ama.

ORAÇÃO

Não vos amei como devia, amantíssimo Redentor, porque não pensei no amor que me tivestes! Ah! Meu Jesus! Quão ingrato sou!... Destes a vida por mim, sofrendo a mais amarga das mortes, e mostrei-me tão insensato que nem quis pensar em vós. Perdoai-me, Senhor; prometo-vos que, de hoje em diante, sereis o único objeto dos meus pensamentos e afetos, e fazei que vos ame e não vos ofenda... Não volto a ser escravo, a não ser do vosso amor. Que todas as minhas palavras, todos os passos, todos os meus pensamentos, todos os suspiros não tenham outro objeto senão amar-vos e servir-vos.

Ó Mãe do belo amor, fazei que ame muito ao vosso divino Filho!

Capítulo XX

A conformidade com a vontade de Deus

E a vida, em sua vontade (Sl 29,6).

Todo fundamento da salvação e da perfeição das nossas almas consiste no amor de Deus. Mas a perfeição do amor é a união da nossa própria vontade com a vontade divina. Como disse o Areopagita, o principal efeito do amor está em unir de tal modo a vontade dos amantes que não tenham mais que um só coração e um só querer. Portanto, as nossas obras, penitências, esmolas, comunhões, só agradam ao Senhor enquanto se conformam com sua divina vontade; de outra maneira não seriam virtuosas, mas viciosas e dignas de castigo.

Isto, particularmente, manifestou-nos com seu exemplo o nosso Salvador, quando do céu desceu à terra. Isto, como ensina o Apóstolo, disse o Senhor ao entrar neste mundo: "Vós, meu Pai, recusastes as vítimas oferecidas pelo homem e quereis que vos sacrifique a vida deste corpo que me destes. Cumpra-se vossa divina vontade" (Hb 10,5). Isto também declarou muitas vezes, dizendo que tinha vindo à terra só para fazer a vontade de seu Pai (Jo 6,38).

Quis assim patentear-nos o infinito amor que tem ao Pai, a ponto de entregar-se à morte para obedecer à sua divina ordem (Jo 14,31).

Declarou, além disso, que reconheceria por seus unicamente aqueles que fazem a vontade de seu Pai (Mt 12,50) e, por esta razão, o único fim e desejo dos santos em todas as suas obras têm sido o cumprimento da sua vontade.

Santa Teresa disse que aquele que se exercita na oração terá de procurar conformar sua vontade com a divina e que nisto consiste a mais elevada perfeição; o que mais sobressair nesta prática receberá de Deus maiores dons e se adiantará mais na vida interior.

Os bem-aventurados na glória amam a Deus perfeitamente porque sua vontade está unida e conforme inteiramente com a vontade divina. Por isso, Jesus Cristo nos ensinou a pedir a graça de fazer na terra a vontade de Deus, assim como os santos a fazem no céu.

Que merecimento tem um só ato de perfeita resignação à vontade de Deus! Bastaria para santificar-nos... Quando Paulo persegue a Igreja, Cristo lhe aparece, ilumina-o e o converte com sua graça. O Santo, então, oferece-se a cumprir o que Deus lhe mandar... "Senhor, que queres que eu faça?" (At 9,6).

E Jesus Cristo o proclama "vaso de eleição e apóstolo das gentes" (At 9,15).

Aquele que jejua, dá esmola e se mortifica por amor de Deus, dá uma parte de si mesmo; aquele, porém, que submete a Deus a sua vontade dá-lhe tudo quanto tem.

É isto o que Deus nos pede, quer dizer, o coração, a vontade (Pr 23,26). Este fito hão de ter, em suma, todos os nossos desejos, devoções, comunhões e demais obras de piedade: o cumprimento da vontade divina. Este é o norte e a mira de nossa oração: impetrar a graça de fazer o que Deus exige de nós. Para a execução destas resoluções, incumbe pedir a intercessão de nossos santos protetores, especialmente a de Maria Santíssima, a fim de que nos alcancem luzes e forças para conformidade da nossa vontade com a de Deus em todas as coisas e sobretudo naquelas que repugnam ao nosso amor próprio... Dizia o beato M. P. Ávila: "Mais vale um bendito seja Deus dito na adversidade, que mil ações de graças nas ocasiões prósperas".

Quando e Onde Aceitar a Vontade de Deus

Devemos conformar-nos com a vontade divina, não apenas nas coisas que recebemos diretamente de Deus, como enfermidades, desolações espirituais, reveses de fortunas, morte de parentes, mas também nas que só indiretamente vêm de Deus e que ele nos envia por intermédio dos homens, como, por exemplo, a desonra, desprezos, injustiças e toda sorte de perseguições.

E note-se que quando alguém nos ofende em nossa honra ou nos causa dano em nossos bens, não é Deus que quer o pecado de quem nos ofende ou causa dano, mas sim a humilhação ou a pobreza que dele resulta. É certo, portanto, que tudo quanto sucede acontece por vontade divina. "Eu sou o Senhor que formo a luz e as trevas; faço a paz e crio a desdita" (Is 45,7). E no Eclesiástico lemos: "Os bens e os males, a vida e a morte vêm de Deus".

Tudo, em suma, de Deus procede, tanto os bens como os males.

Chamam-se males certos acidentes porque nós assim os denominamos e em males os transformamos; entretanto, se os aceitássemos como era devido, resignando-nos à mão de Deus, seriam para nós bens em vez de males. As joias que mais resplandecem e mais valorizam a coroa dos santos são as tribulações que aceitaram das mãos de Deus.

Quando o santo homem Jó soube que os sabeus lhe haviam roubado os bens, não disse: "O Senhor nos deu e os sabeus nos tiraram", mas "O Senhor nos deu e o Senhor nos tirou". E, dizendo-o, bendizia a Deus porque sabia que tudo sucede por vontade divina (ver Jó 1,13-21).

O mesmo devemos fazer quando nos sucedam contrariedades: recebamo-las todas da mão de Deus, não só com paciência, mas até com alegria, imitando o exemplo dos apóstolos, que se regozijavam de ser maltratados por amor de Cristo. "Saíram alegres do sinédrio, porque foram achados dignos de sofrer afrontas pelo nome de Jesus" (At 5,41). Se quisermos viver em paz contínua, procuremos unir-nos à vontade divina e dizer sempre, aconteça o que acontecer: "Senhor, se assim for do vosso agrado, faça-se assim" (Mt 11,26). Para este caminho devemos dirigir todas as nossas meditações, comunhões, orações e visitas a Jesus Sacramentado, rogando continuamente a Deus que nos conceda essa preciosa conformidade com sua vontade divina. Santa Teresa se oferecia ao Senhor mais de cinquenta vezes por dia, a fim de que dispusesse dela à sua vontade.

Aquele que se conserva unido à vontade de Deus, goza, mesmo neste mundo, de paz admirável e constante. "Não se contrista o justo por coisa que lhe aconteça" (Pr 12,21), porque uma alma se alegra e se satisfaz ao ver todos os seus desejos cumpridos; ora, quem só quer o que Deus quer, tem tudo o que deseja, pois que tudo o que acontece é por efeito da vontade de Deus.

Aquele que deste modo descansa na vontade de Deus e se compraz naquilo que a Providência dispuser, é como se estivesse sobranceiro às nuvens do céu e visse a seus pés furiosa tempestade, sem recear perturbação ou dano. Esta é aquela paz que — como disse o Apóstolo — supera todas as delícias do mundo (Fl 4,7).

É verdade que as faculdades de nossa parte inferior não deixarão de fazer-nos sentir alguma dor na ocorrência de coisas adversas; mas em nossa vontade superior, se estiver unida a Deus, reinará sempre paz profunda e inefável. "A vossa alegria, ninguém vo-la tirará" (Jo 16,22).

Indizível loucura é a daqueles que se opõem à vontade de Deus. O que Deus quer não pode deixar de acontecer. "Quem é que resiste à sua vontade?" (Rm 9,19).

E, afinal, que quer Deus senão o nosso bem? Quer que sejamos santos para fazer-nos felizes nesta vida e bem-aventurados na outra. Persuadamo-nos de que as cruzes que Deus nos envia concorrem para o nosso bem e de que os próprios castigos temporais não são enviados para a nossa ruína, mas para nos corrigir e alcançar a eterna felicidade (Jt 8,27).

Entreguemo-nos, portanto, sem reserva às mãos de Deus, que jamais deixa de atender ao nosso bem (1Pd 5,7). "Pensa tu em mim — dizia o Senhor a Santa Catarina de Sena —, que eu pensarei em ti".

Quem proceder assim passará uma vida feliz e terá morte santa. Aquele que morre inteiramente resignado com a vontade divina deixa-nos a certeza moral de sua salvação. Mas aquele que não vive unido à vontade de Deus, também não estará resignado na hora da morte e não se salvará.

Procuremos, pois, familiarizar-nos com certas passagens da Sagrada Escritura que nos podem ajudar a conservar essa união incomparável:

"Dizei-me, Senhor, o que quereis que eu faça, pois desejo fazê-lo" (At 22,10).
"Eis aqui a vossa serva: mandai e sereis obedecido" (Lc 1,38).
"Salvai-me, Senhor, e fazei de mim o que quiserdes. Sou vosso e não meu" (Sl 119,94).
"Seja assim, meu Deus, porque assim o quereis" (Mt 11,26).

Não nos esqueçamos especialmente do terceiro pedido da oração dominical: "Seja feita a vossa vontade, assim na terra como no céu".

ORAÇÃO

Ó Jesus, meu Redentor, à força de dores, consumistes na cruz a vossa vida, a fim de salvar-me e remir-me... E como tenho eu correspondido ao vosso amor?... Graças vos dou pela paciência com que me tendes aturado e pelo tempo que me concedeis para reparar a minha ingratidão. Sim, meu Deus, quero amar-vos, quero fazer tudo quanto quiserdes; dou-vos toda a minha vontade, minha liberdade e tudo o que me pertence. Consagro-vos, desde já, a minha vida e aceito a morte que me destinardes. Fazei, Senhor, que abrace e aceite com inteira conformidade a vossa vontade santíssima! Quero morrer, ó Jesus, dizendo: "Faça-se a vossa vontade!"

Maria, minha Mãe, foi assim que vós morrestes; alcançai-me a felicidade inefável de que também eu termine assim os meus dias!

ÍNDICE

Apresentação	5
I – Certeza da morte	7
II – A brevidade da vida	12
III – Certeza da morte	16
IV – A morte oferece paz e descanso	20
V – Os justos nada têm a temer	26
VI – Meios de se preparar para a morte	35
VII – O valor do tempo	43
VIII – Importância da salvação	50
IX – Descobrir os verdadeiros valores	58
X – A vida presente é uma viagem para a eternidade	65
XI – A malícia do pecado mortal	69
XII – A misericórdia de Deus	76
XIII – O estado de graça	81
XIV – O segredo da vida feliz	87
XV – A glória de Deus	91
XVI – O poder da oração	99
XVII – Perseverança = Necessidade	107
XVIII – A confiança na proteção de Maria Santíssima	117
XIX – O amor infinito de Deus	124
XX – A conformidade com a vontade de Deus	133

Este livro foi composto com a família tipográfica Times e impresso em papel offset 63g/m² pela **Gráfica Santuário**.